Malbuch für Mädchen ab 10 Jahren

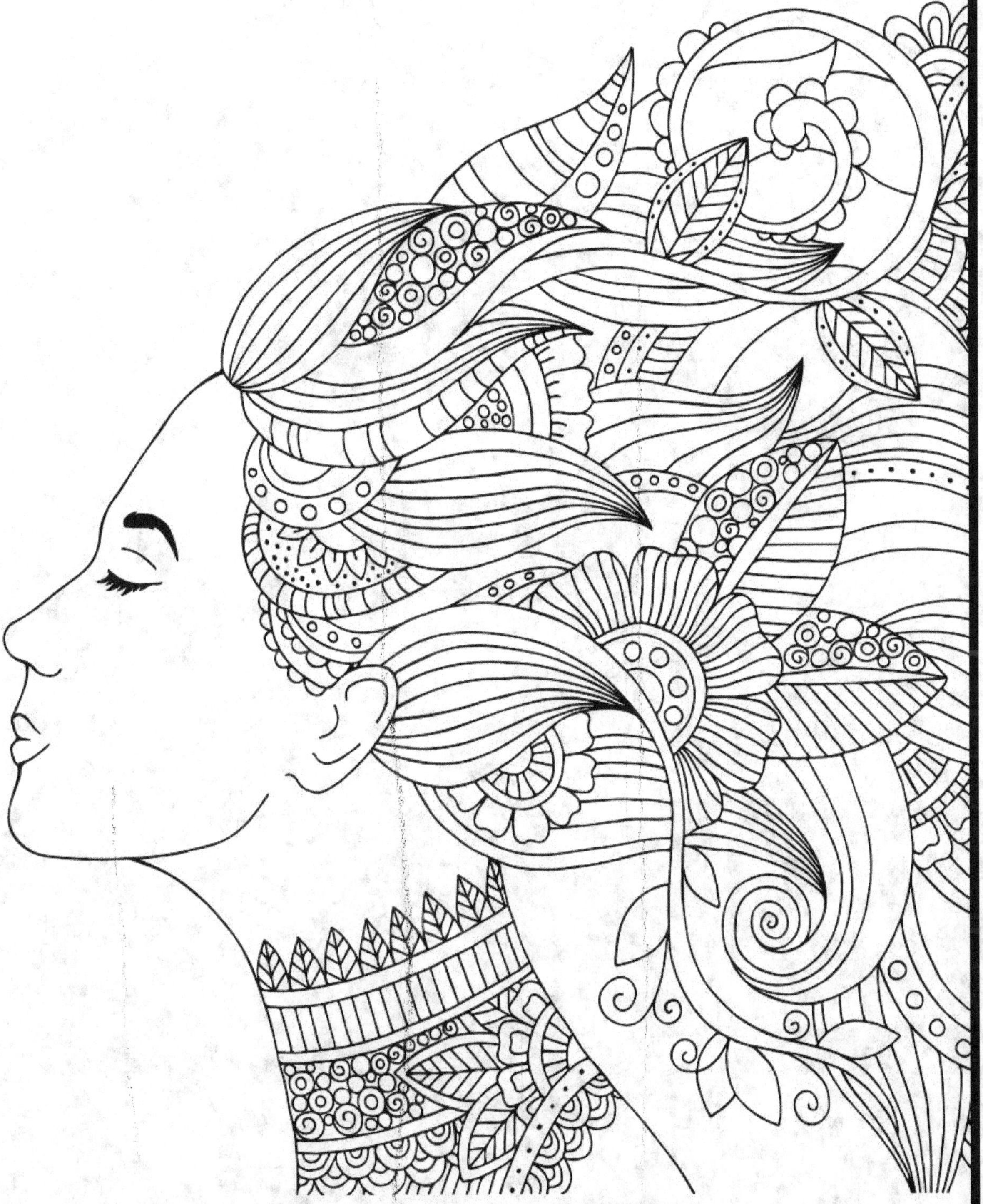

Copyright © 2020 Katrin Stark

ALLE RECHTE VORBEHALTEN

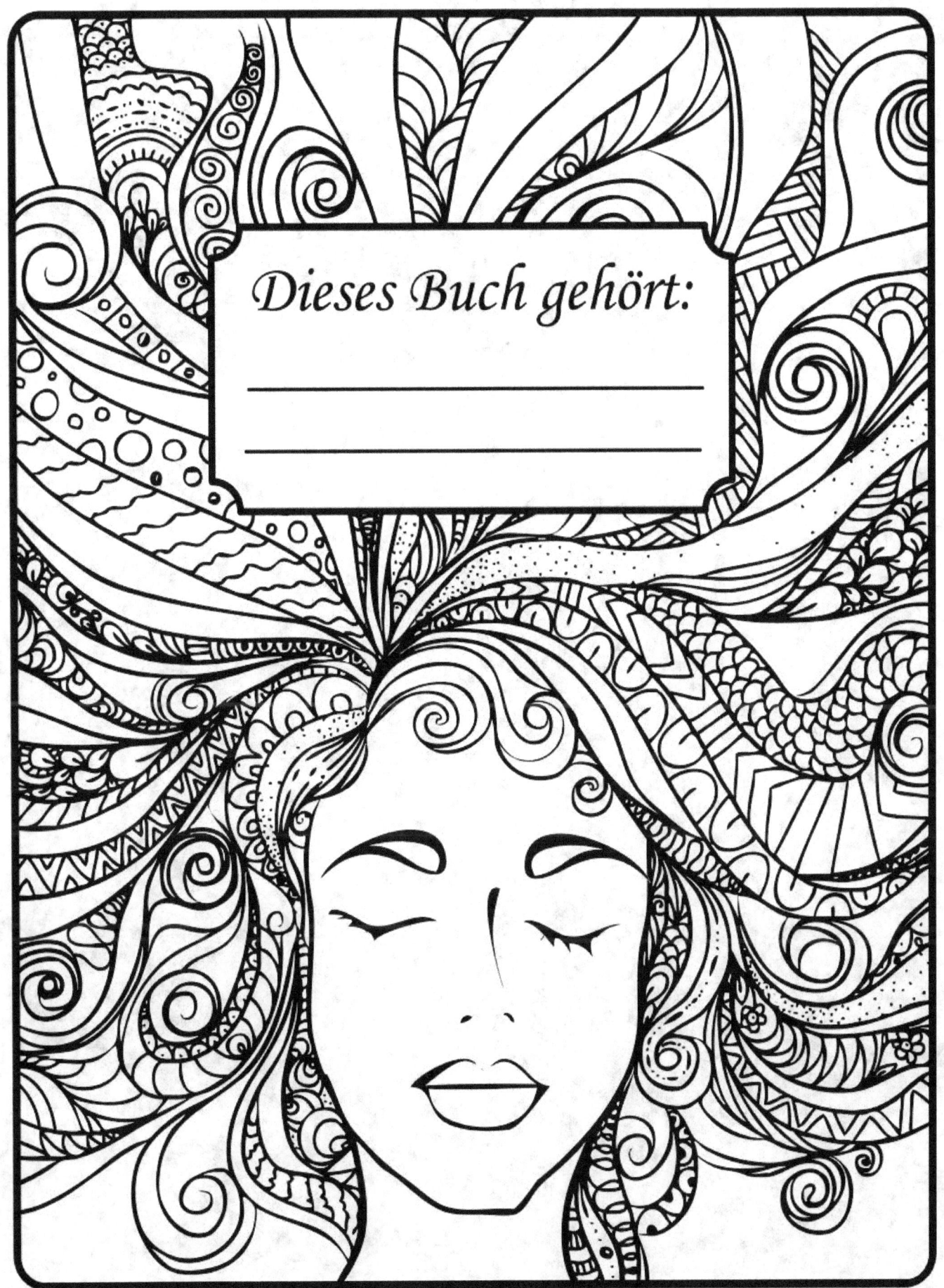

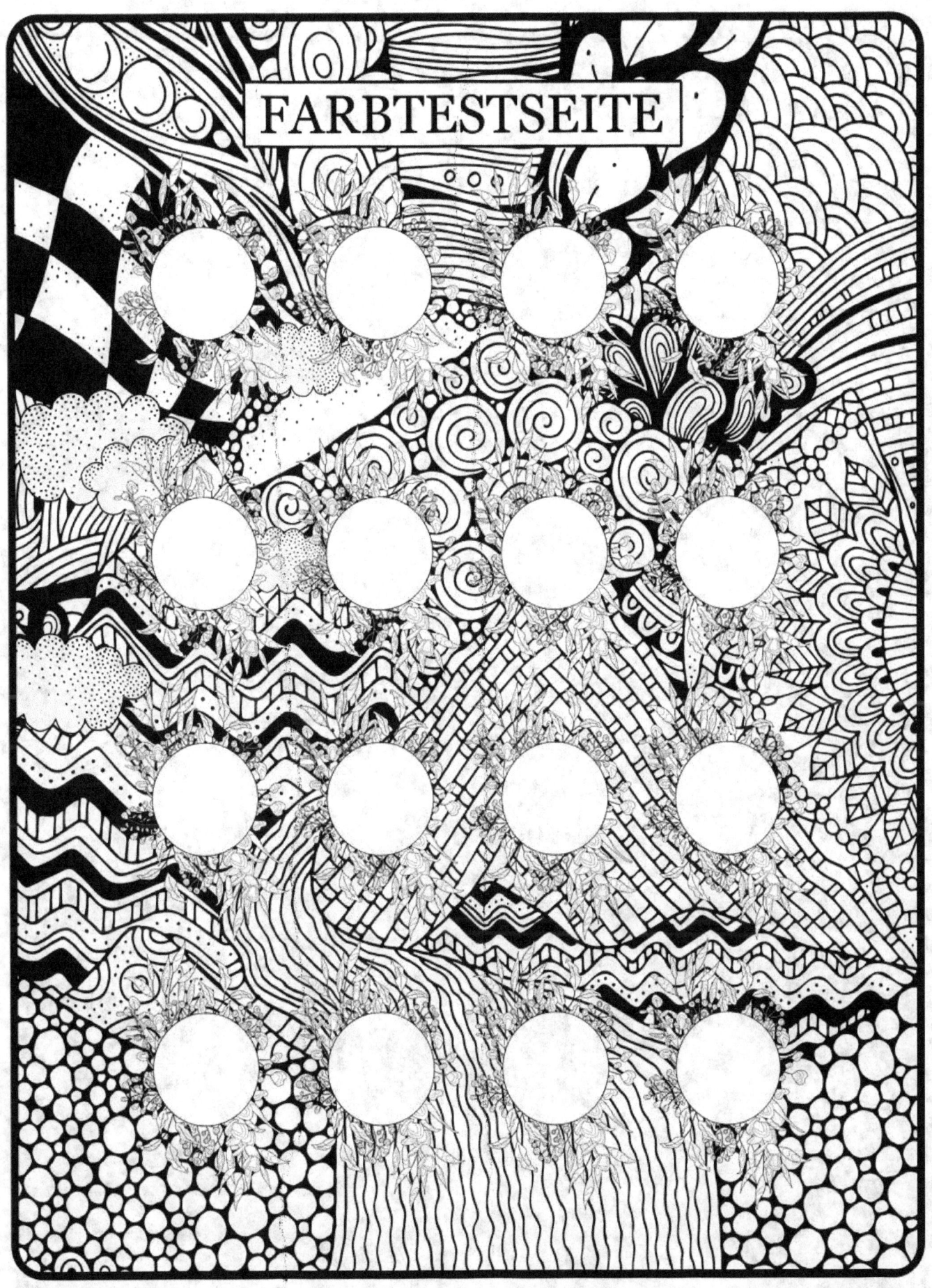

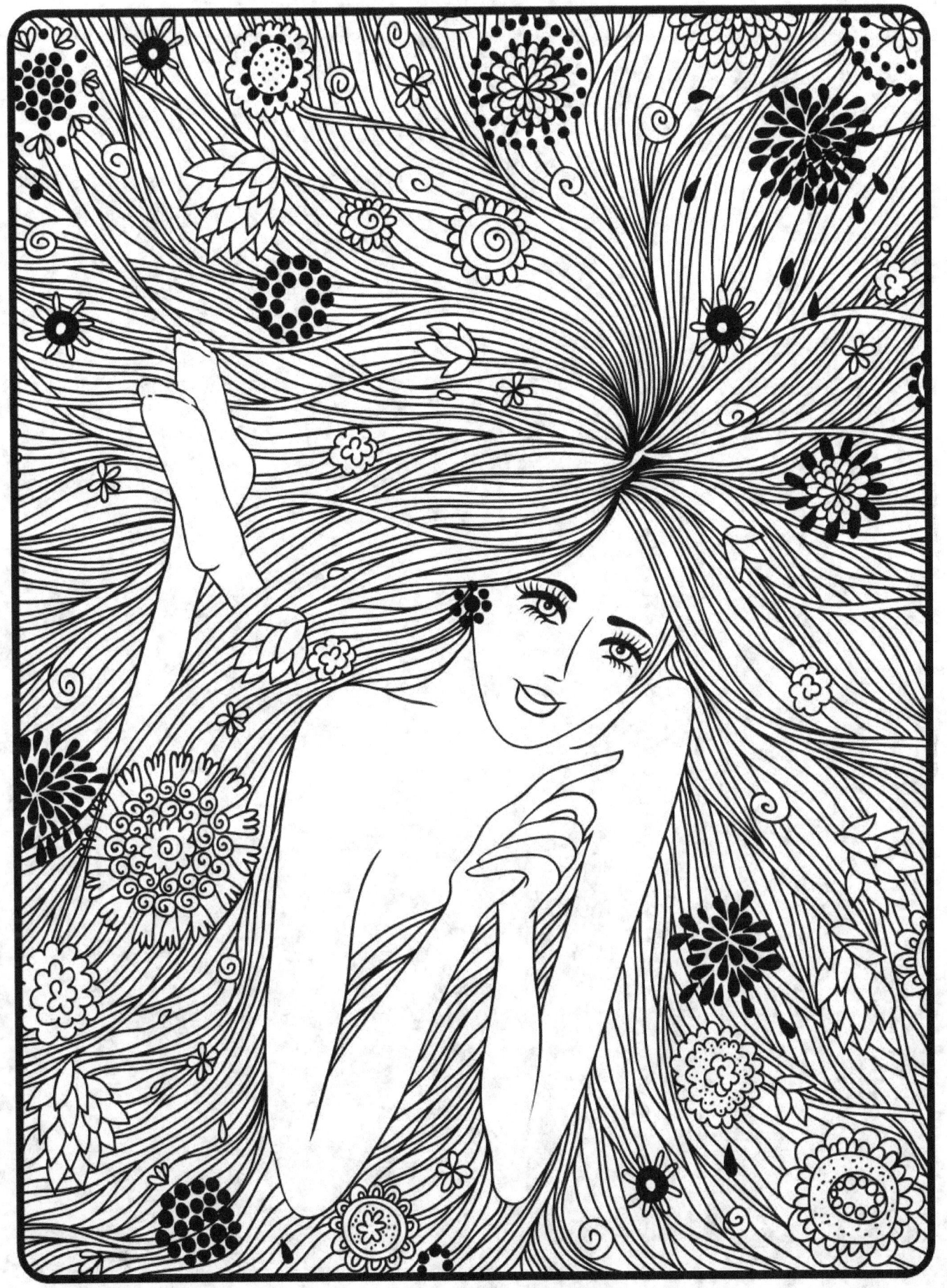

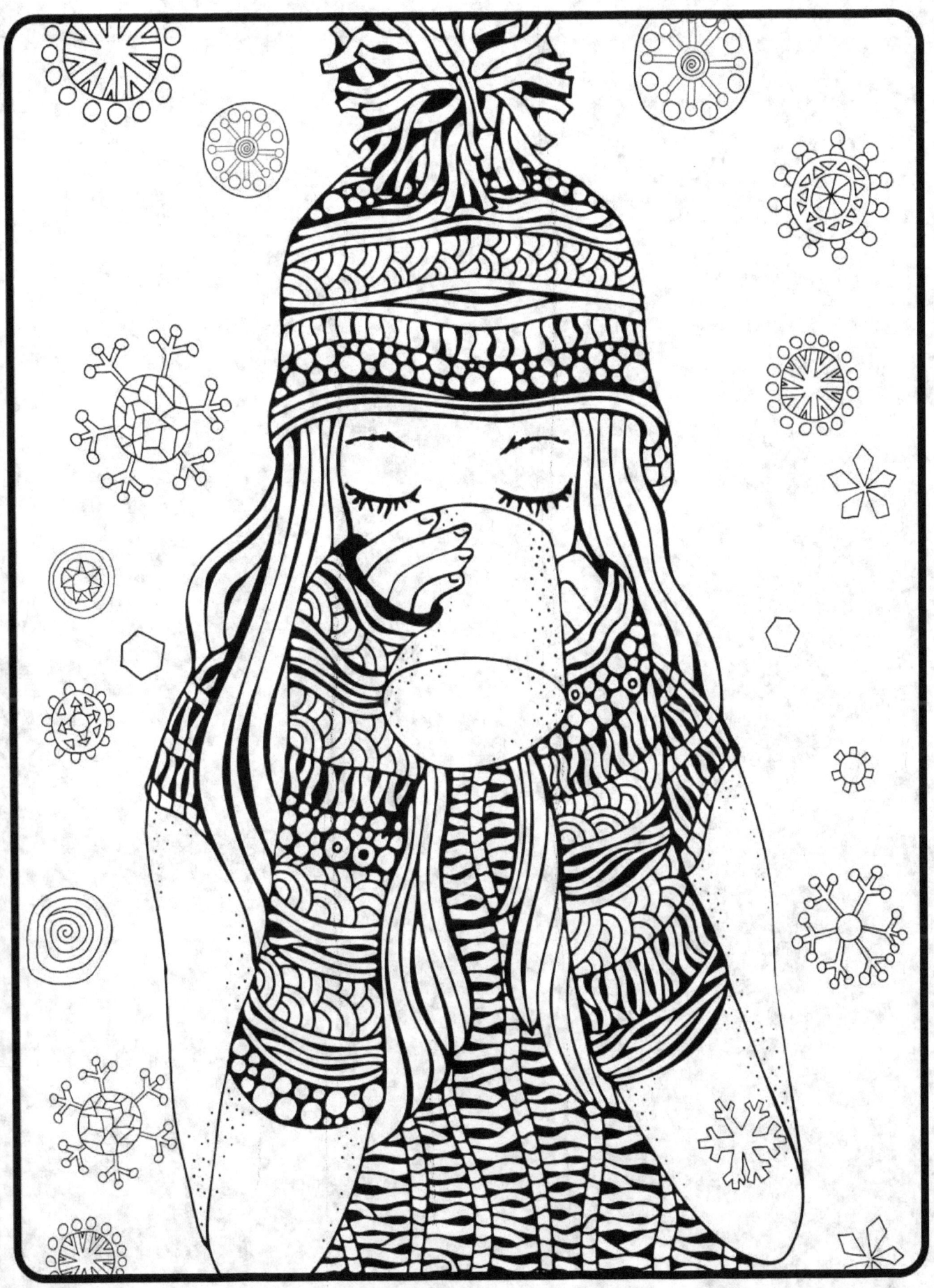

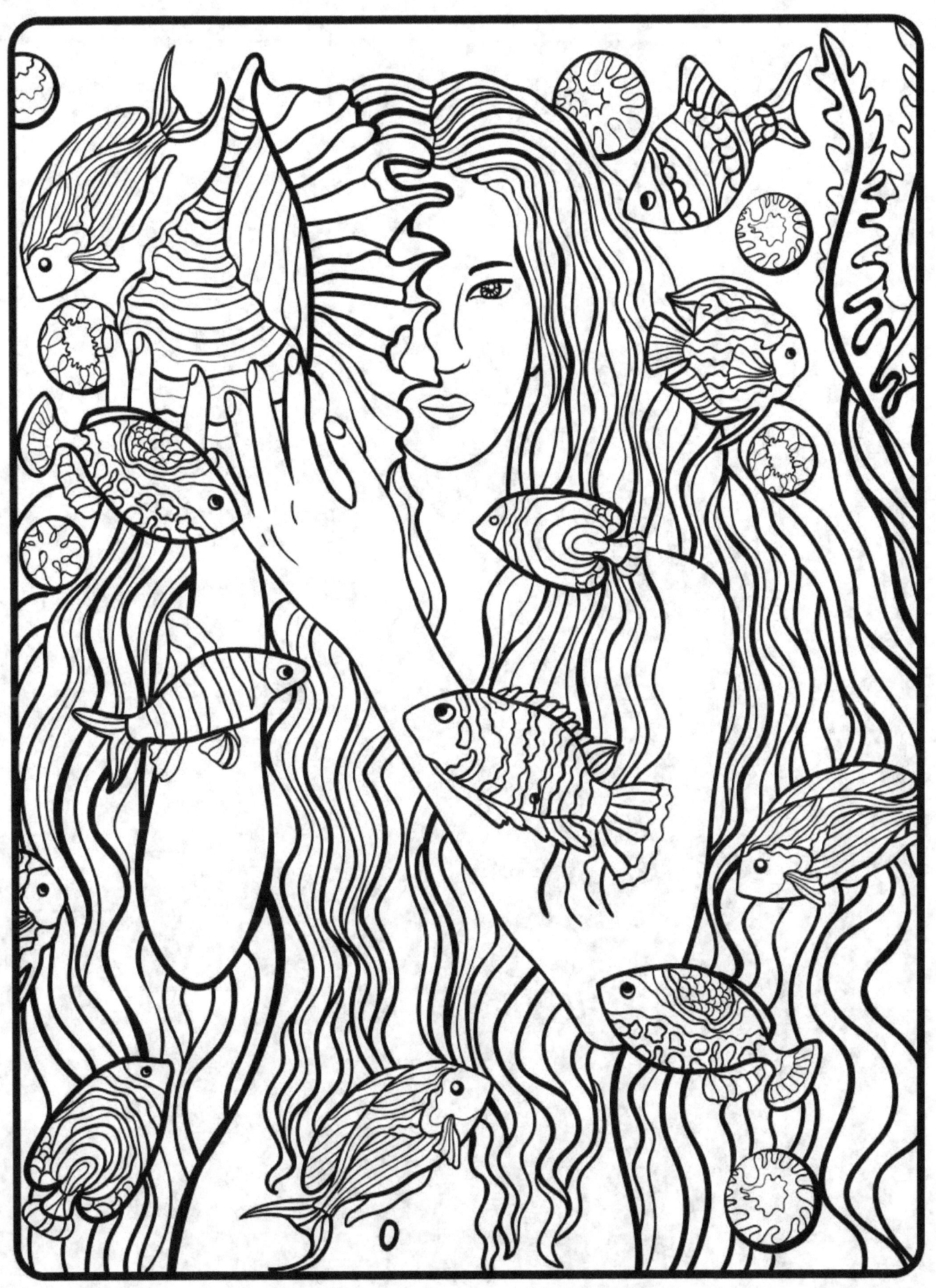

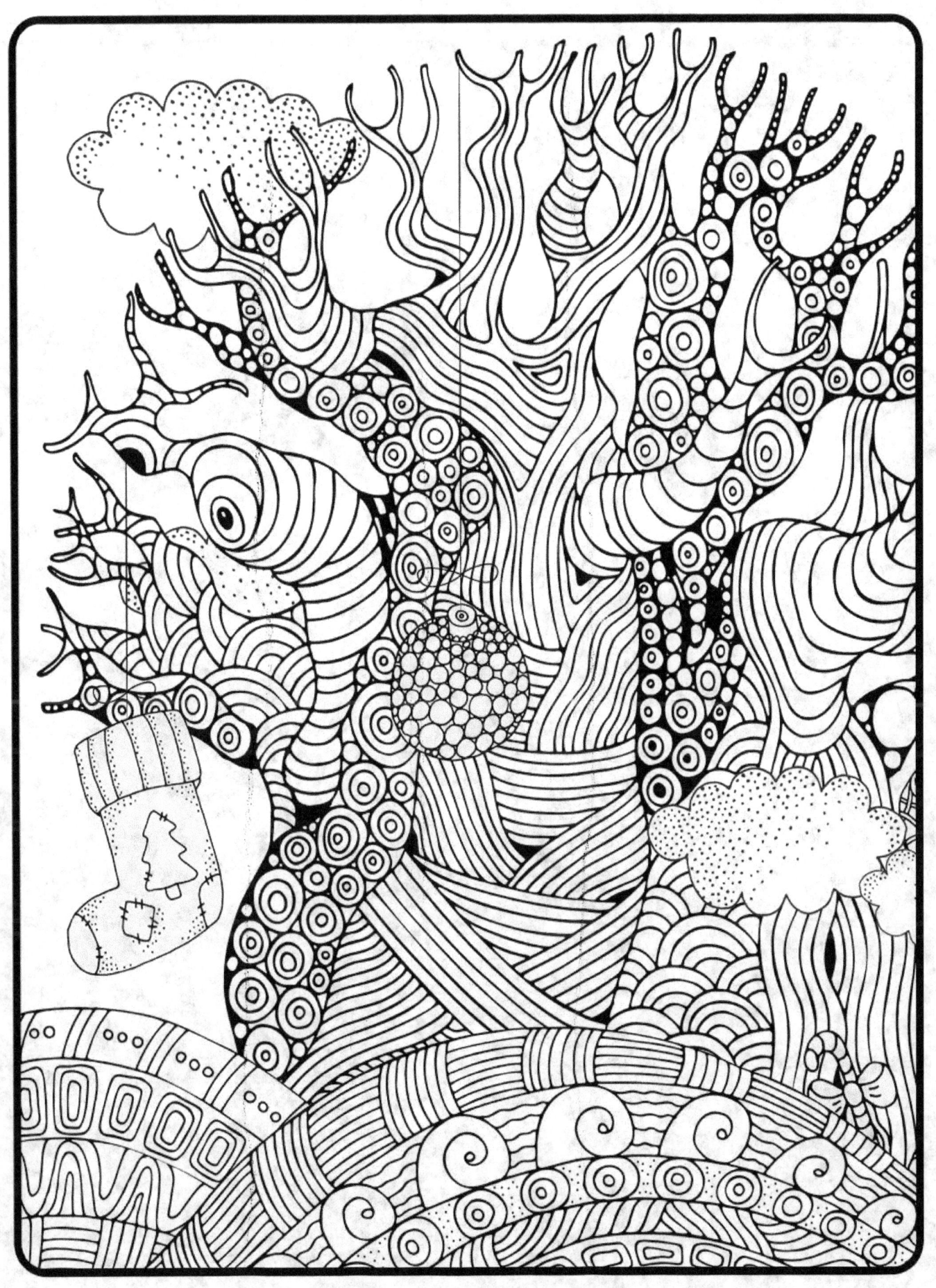

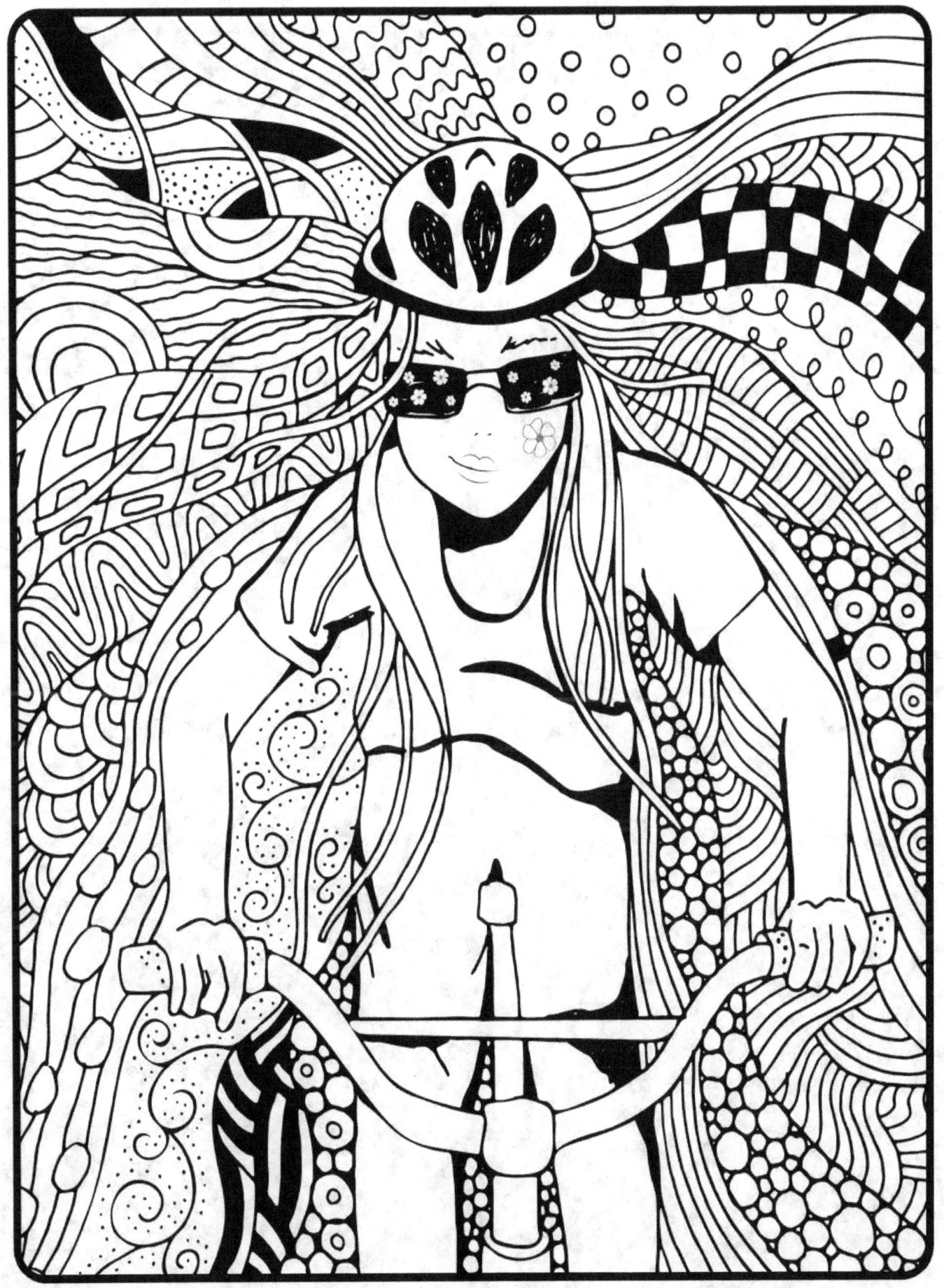

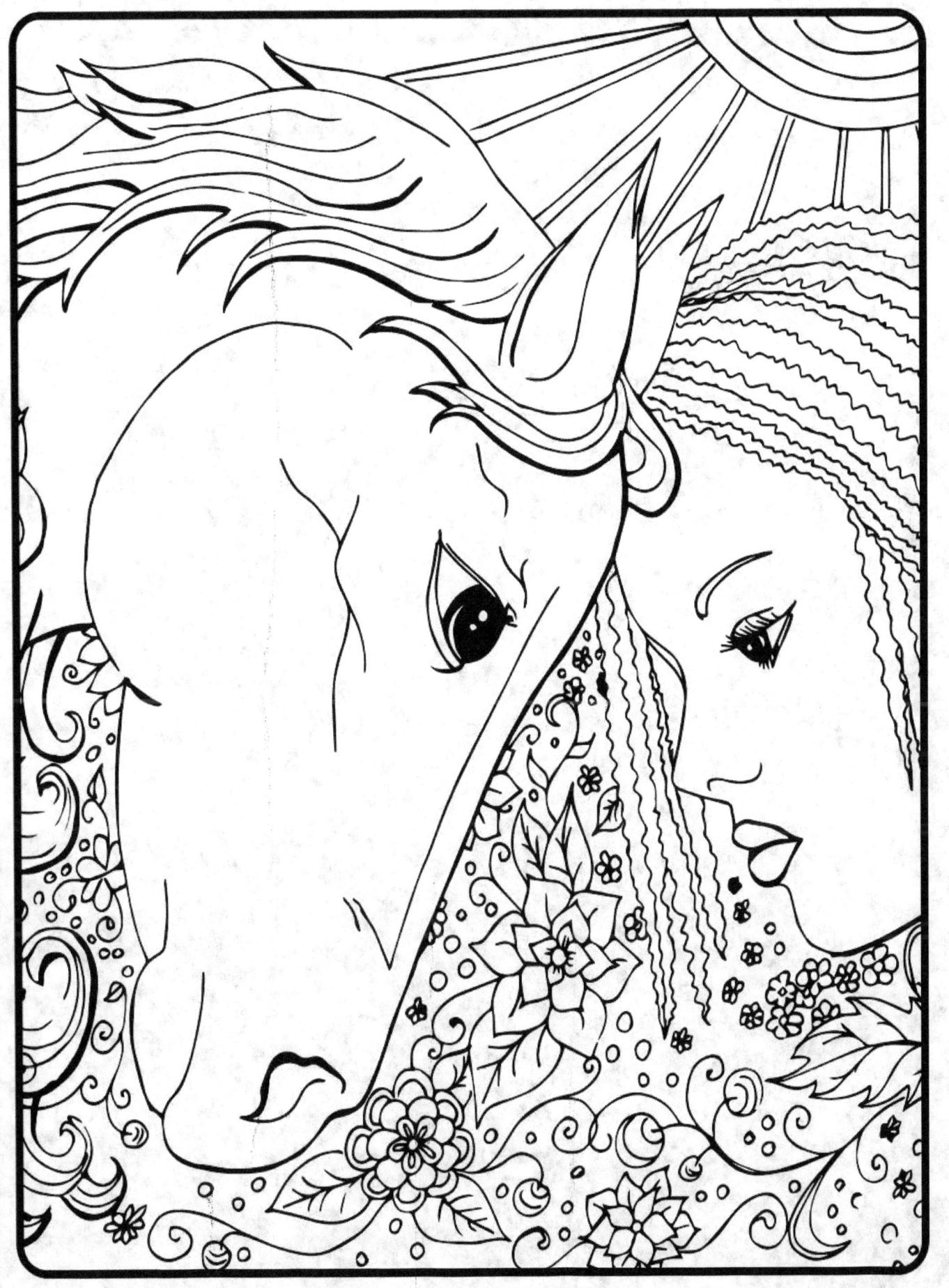

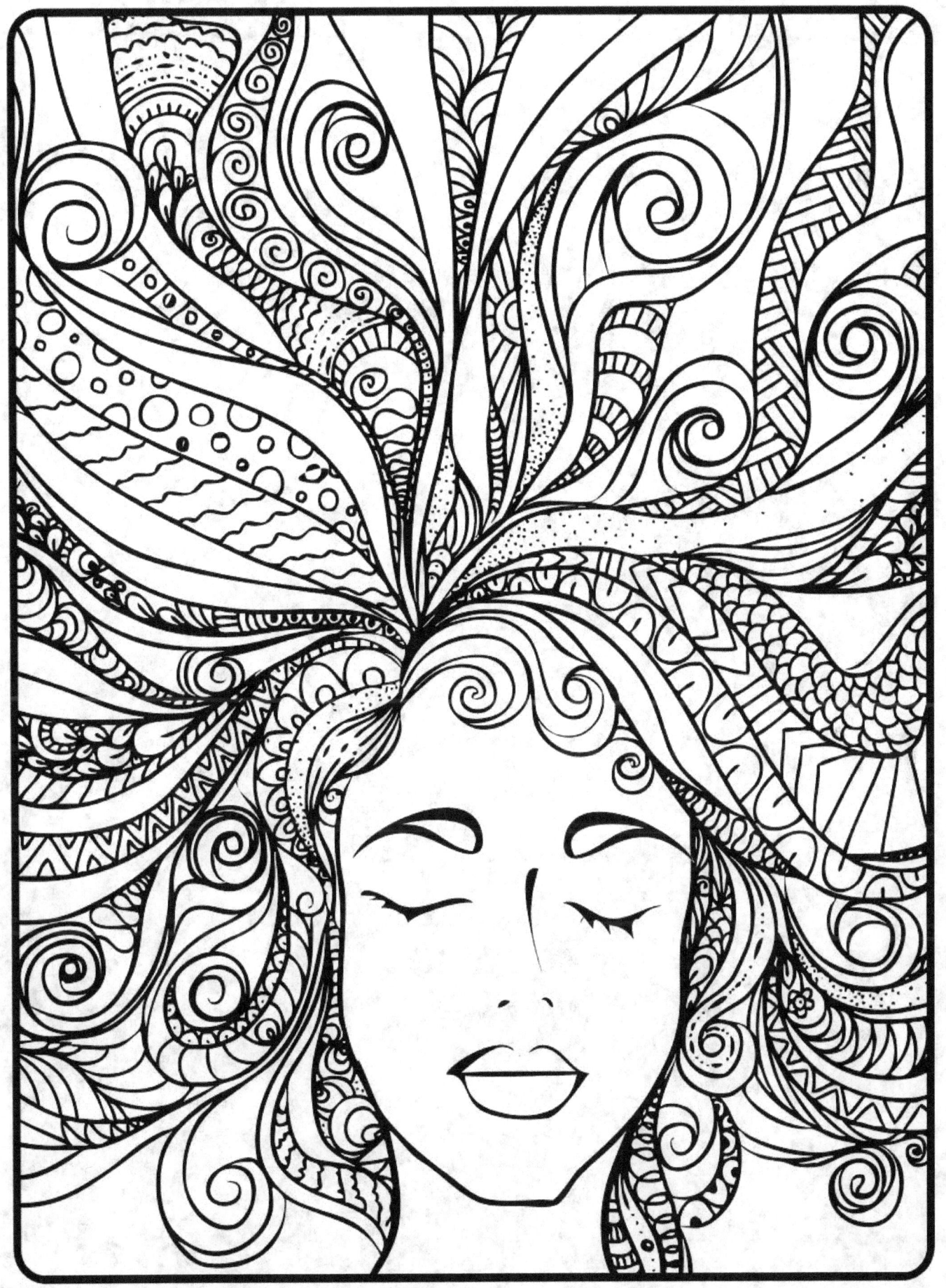

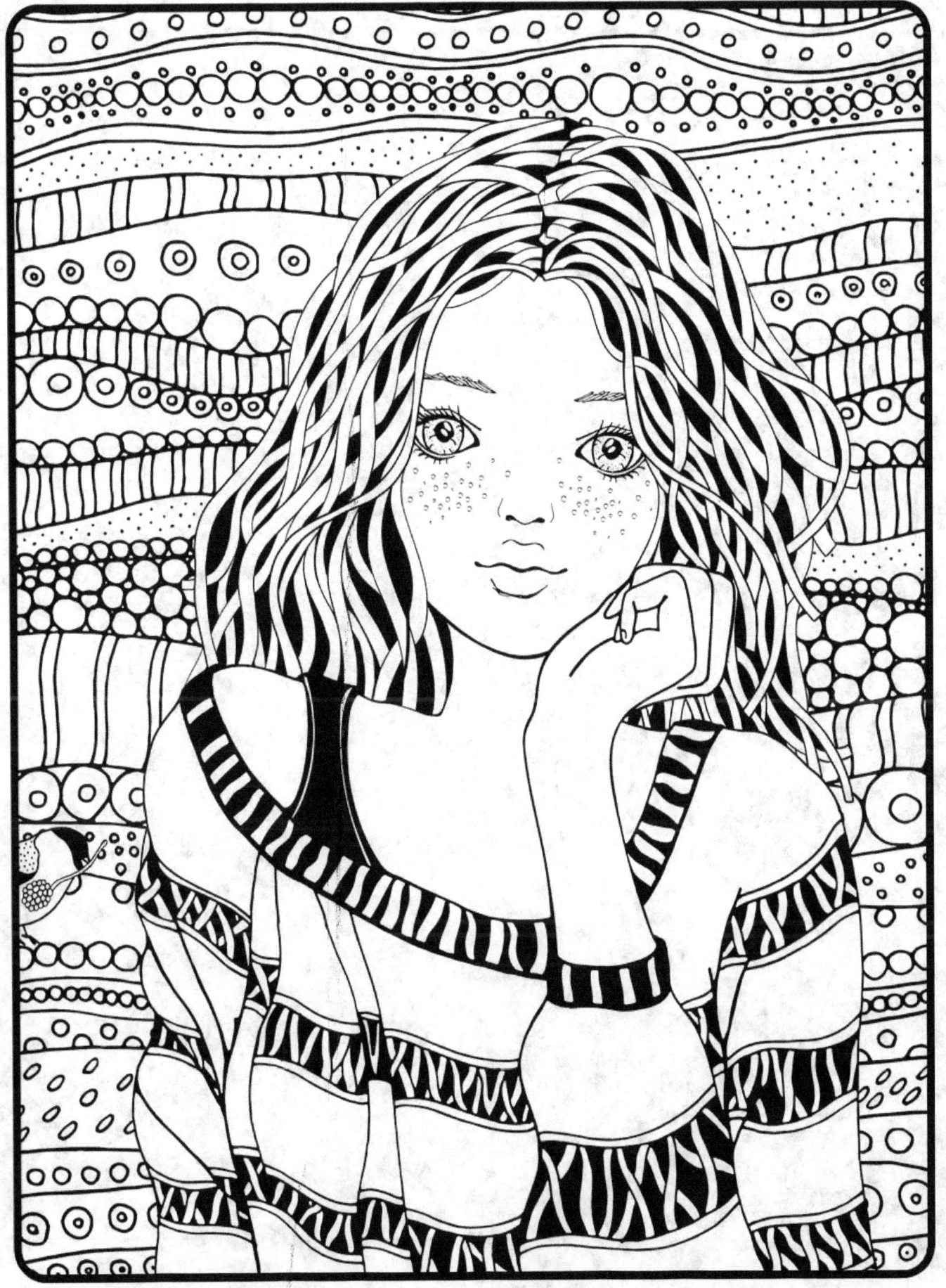

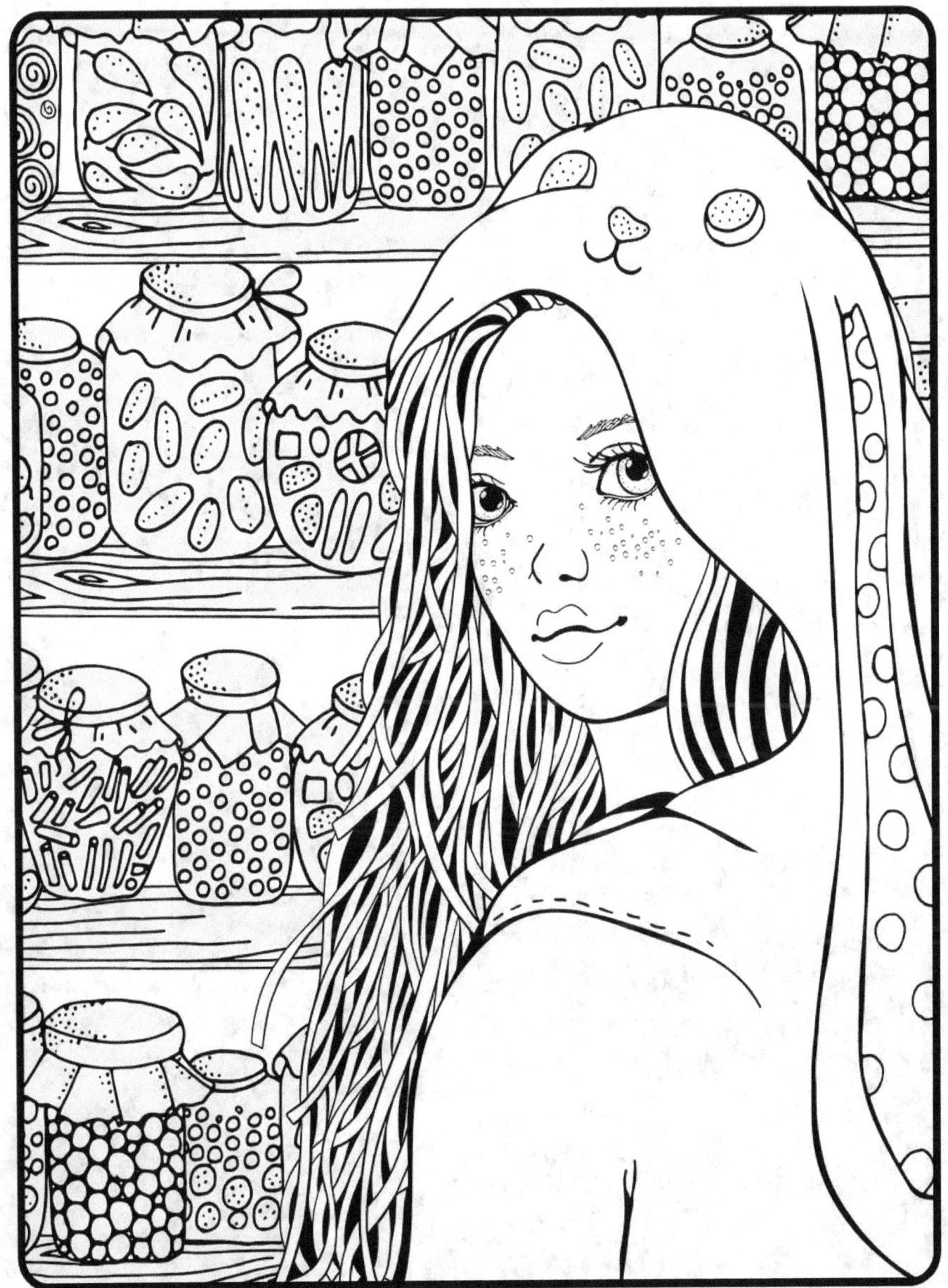

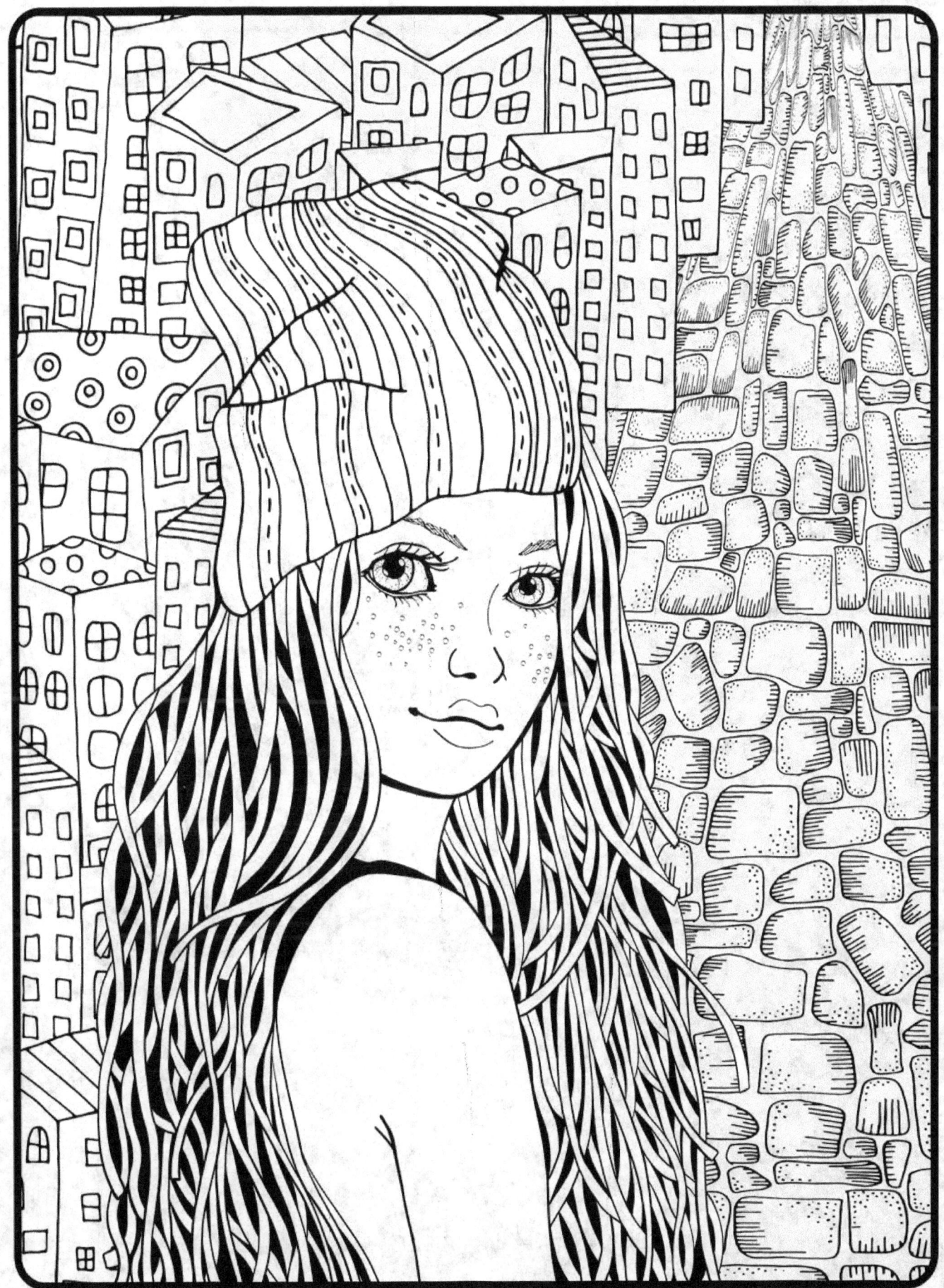

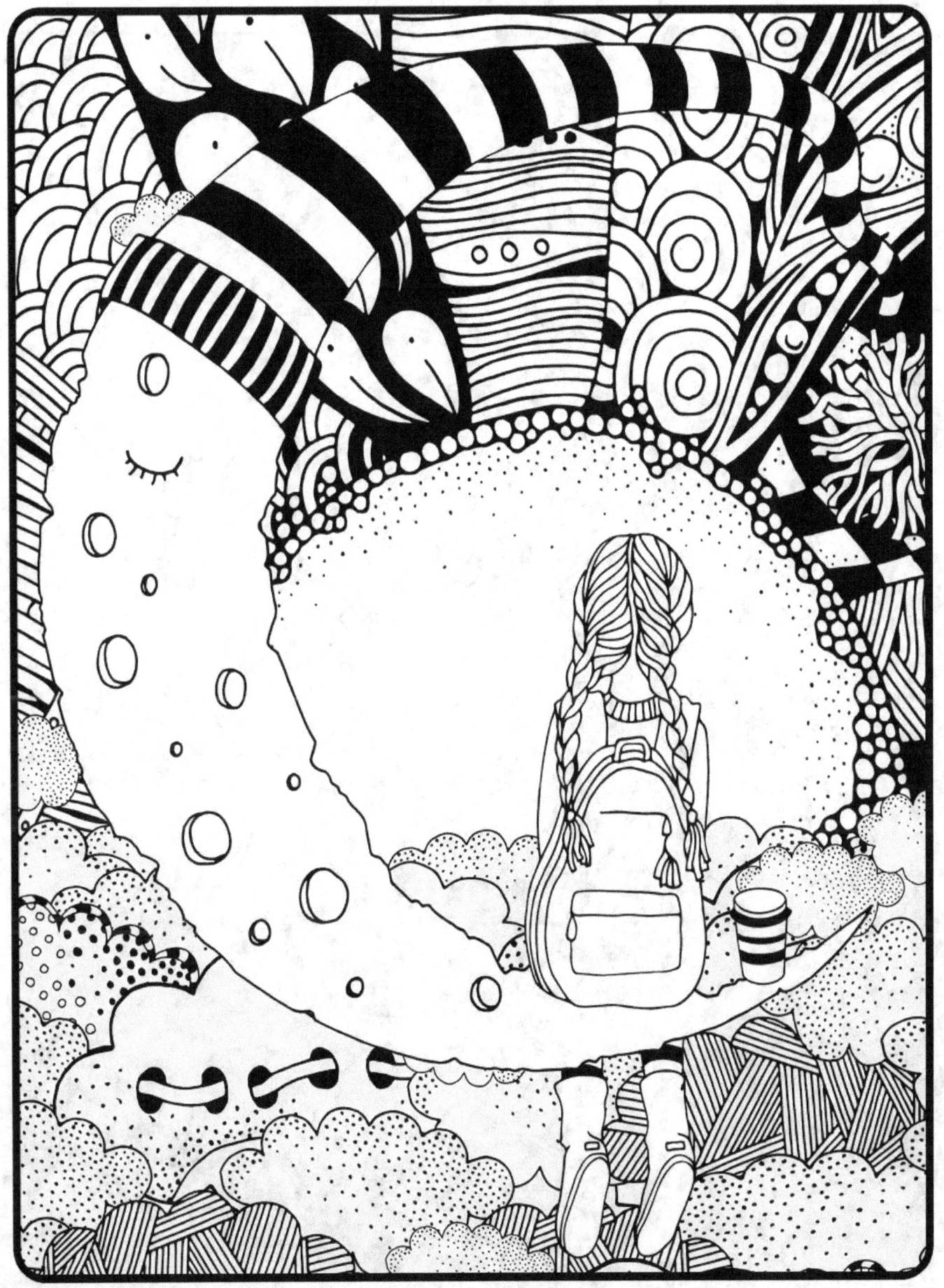

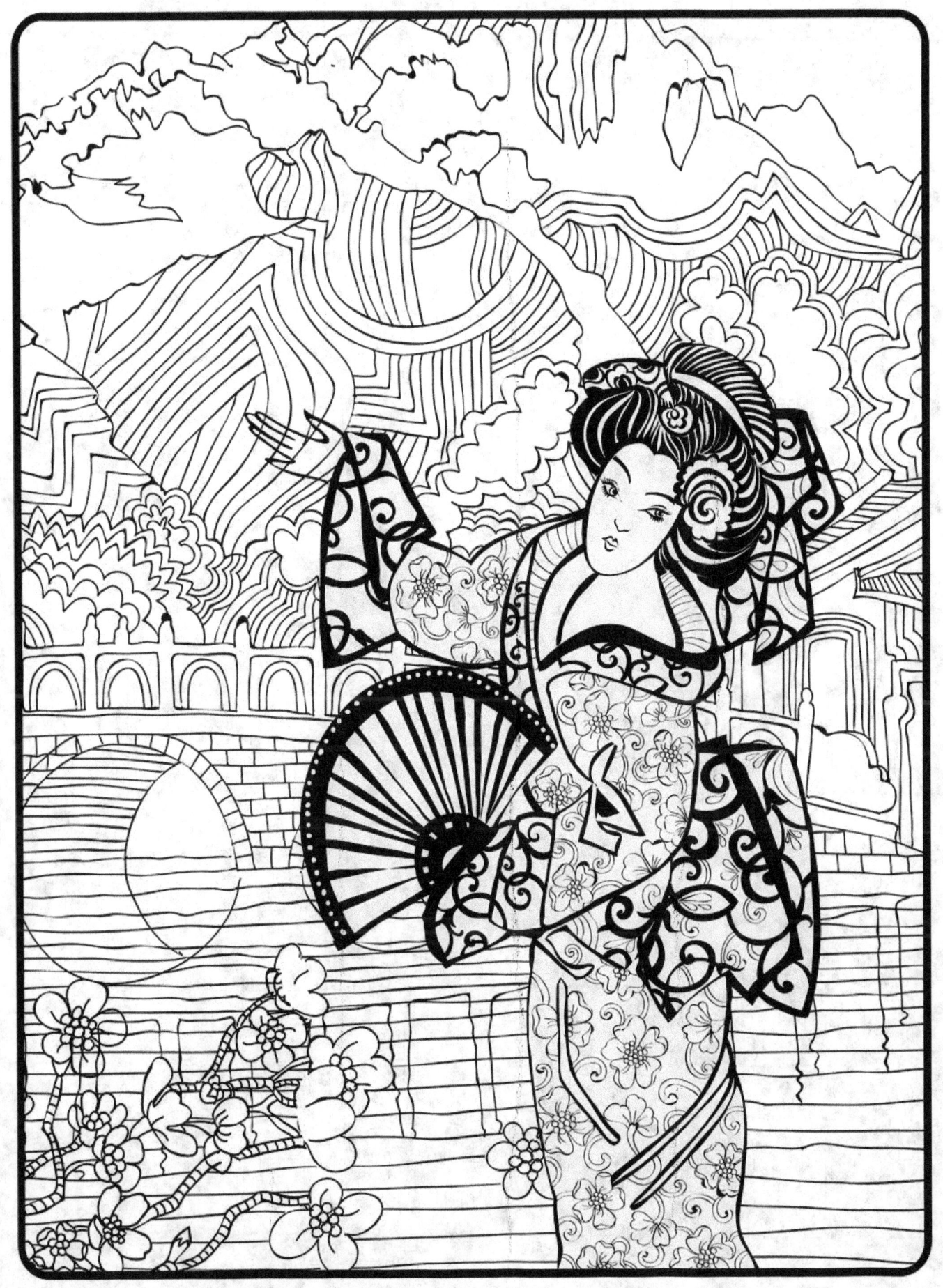

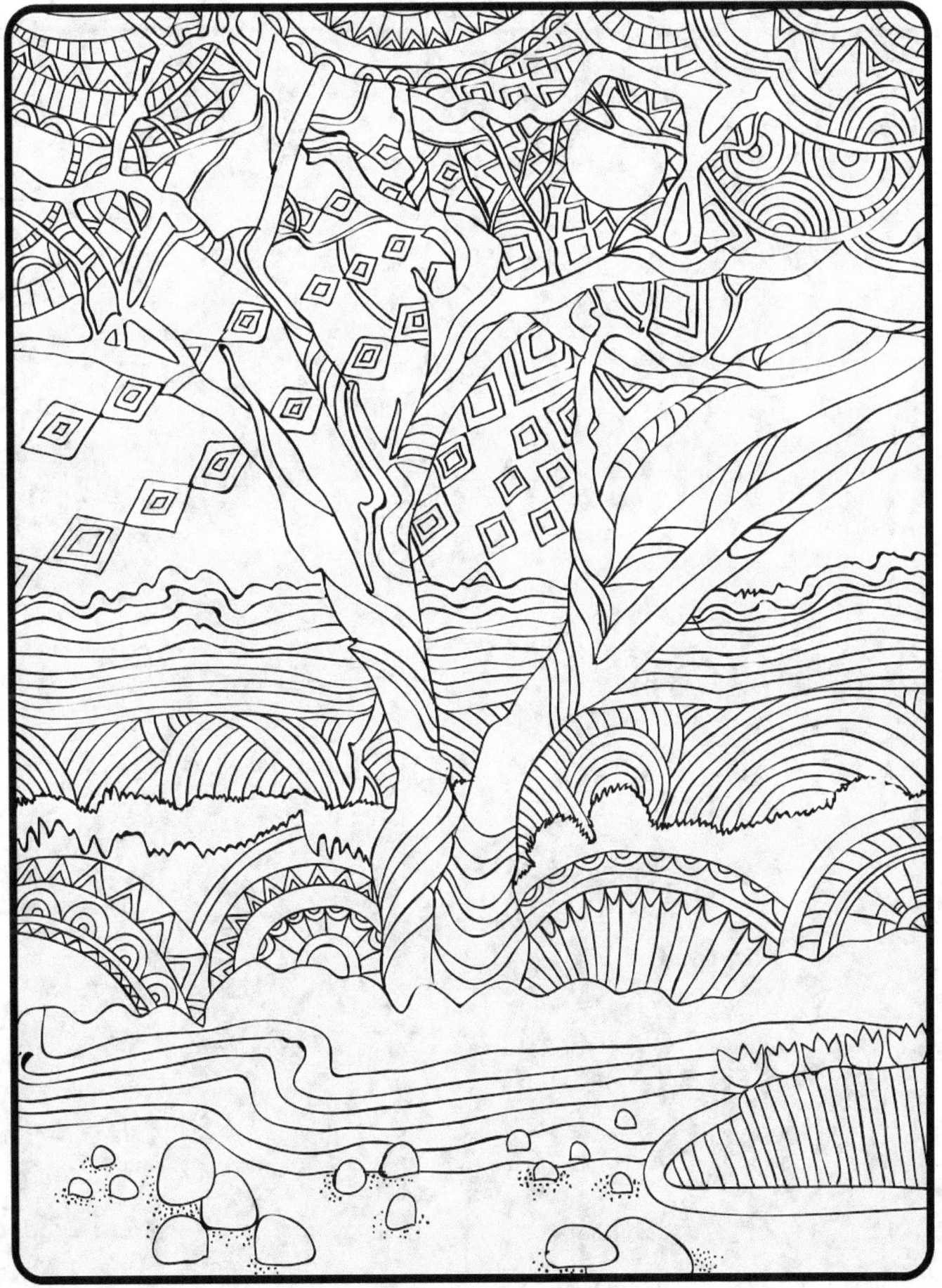

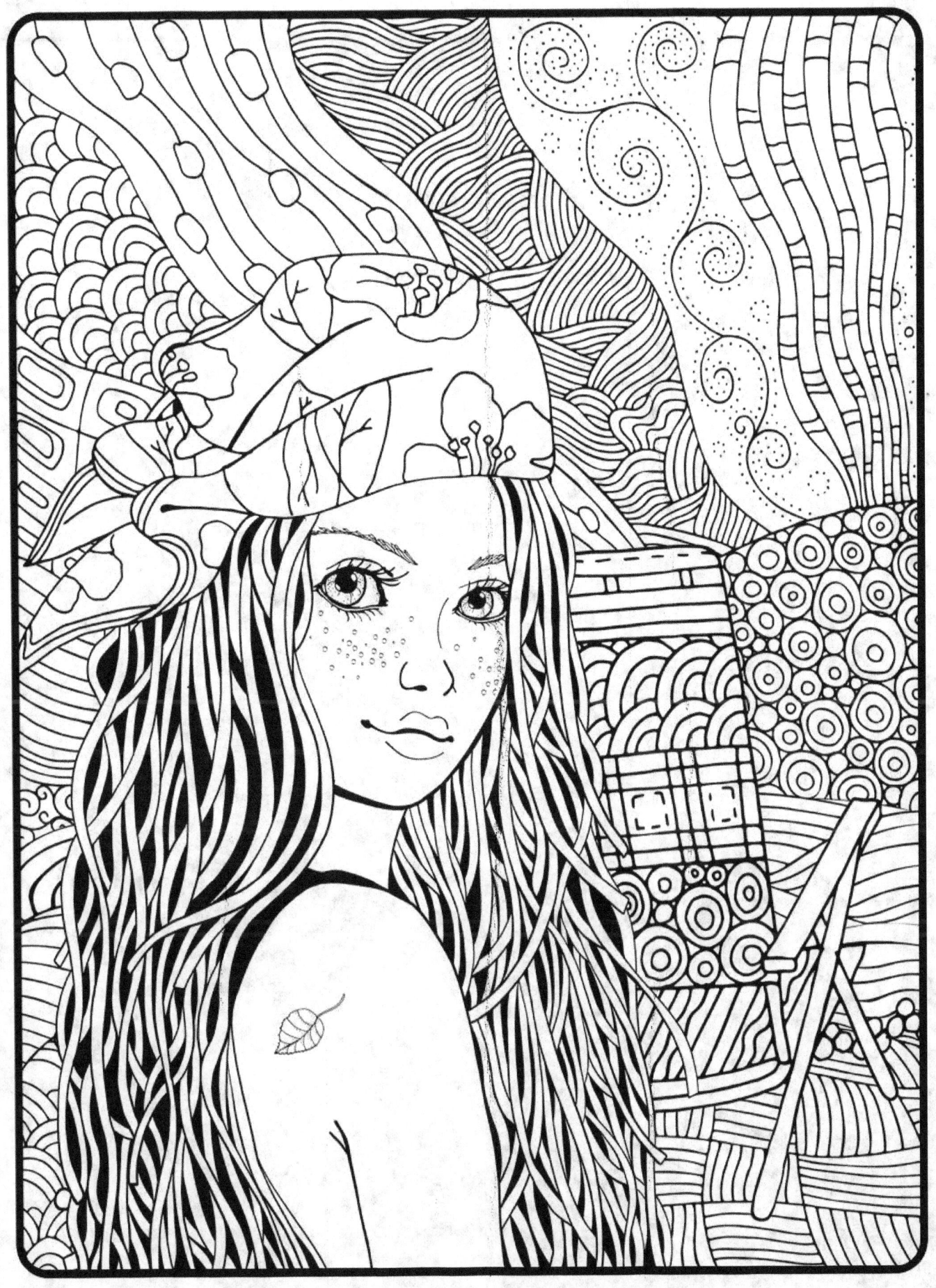

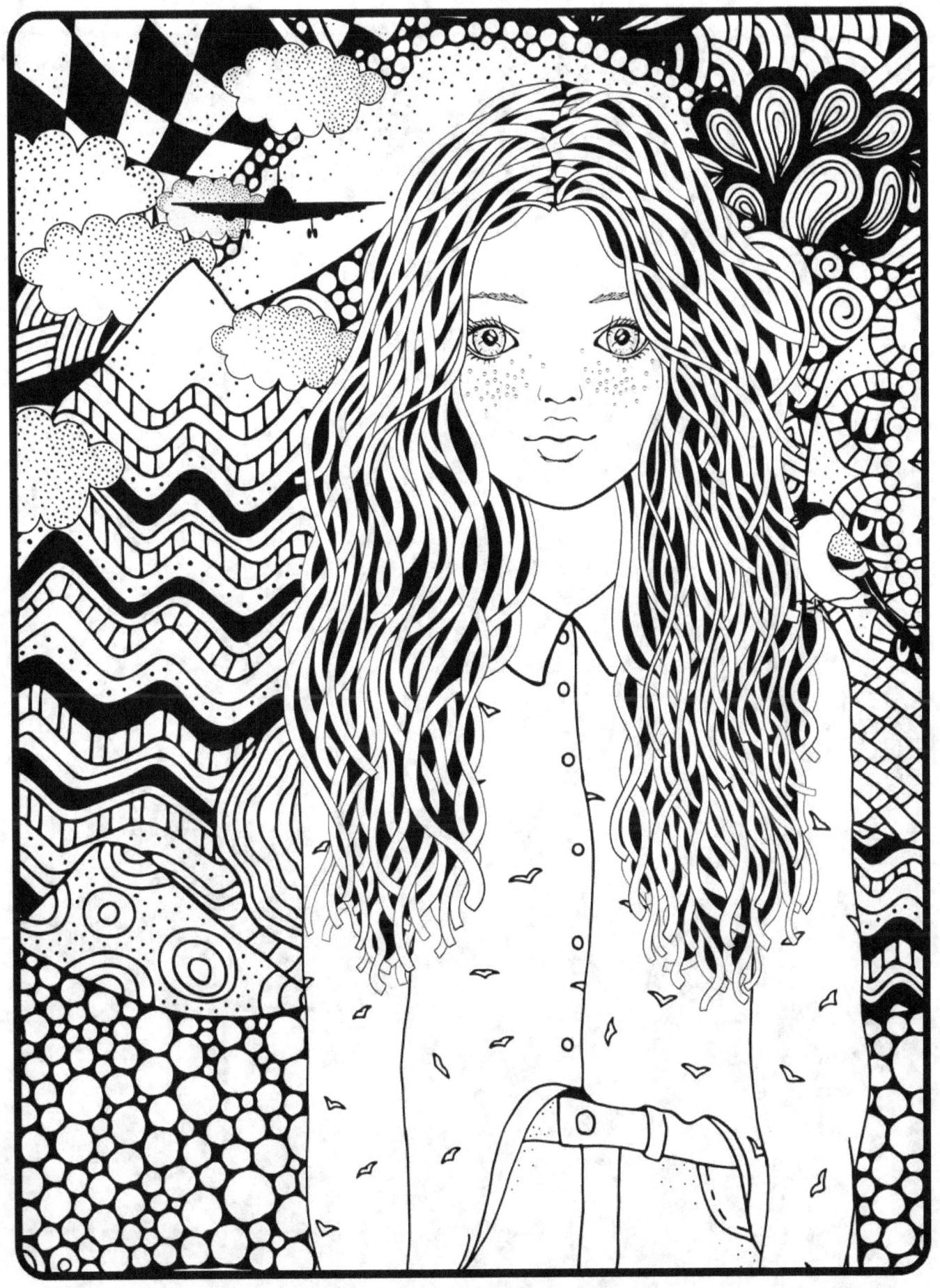

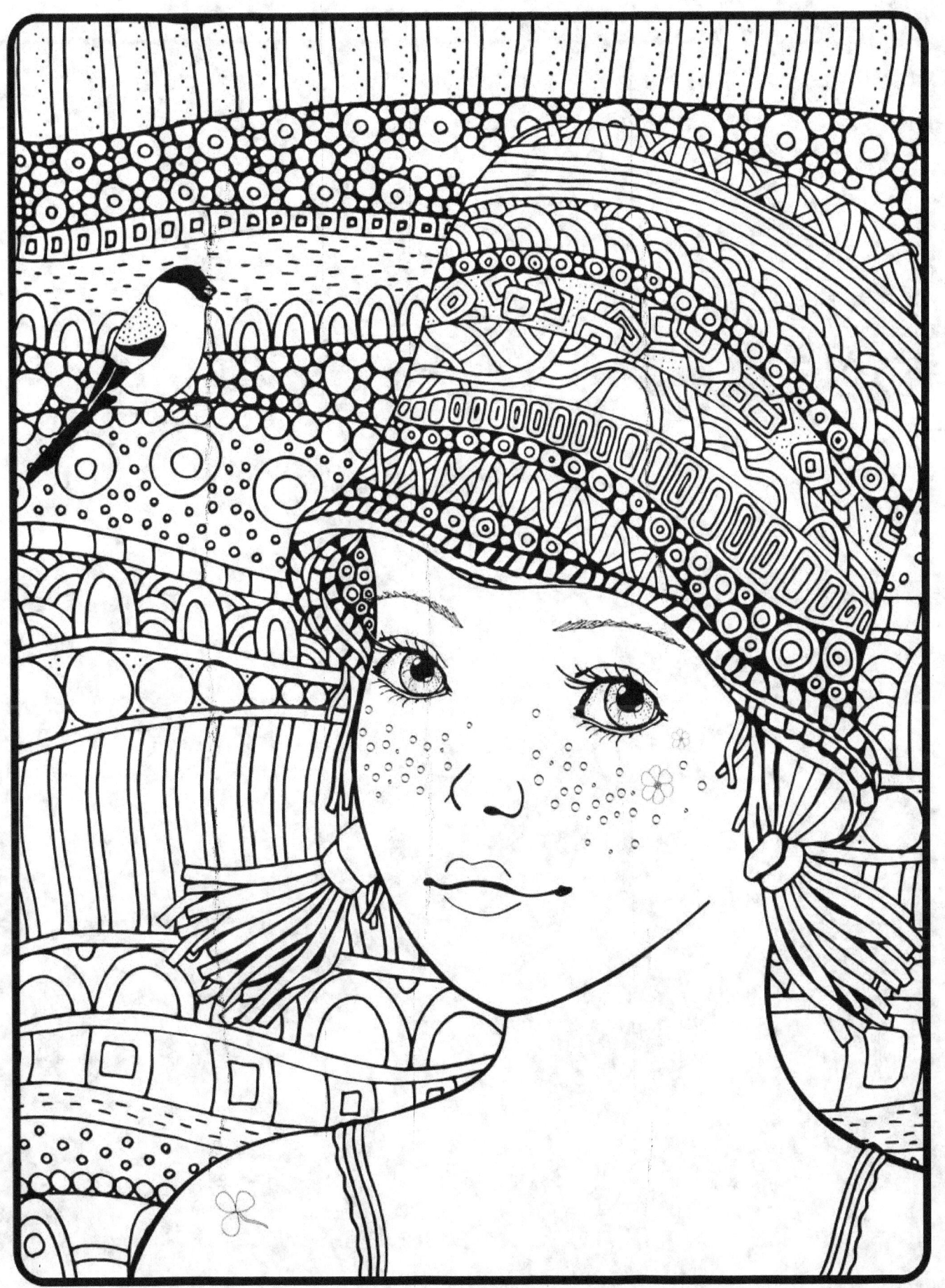

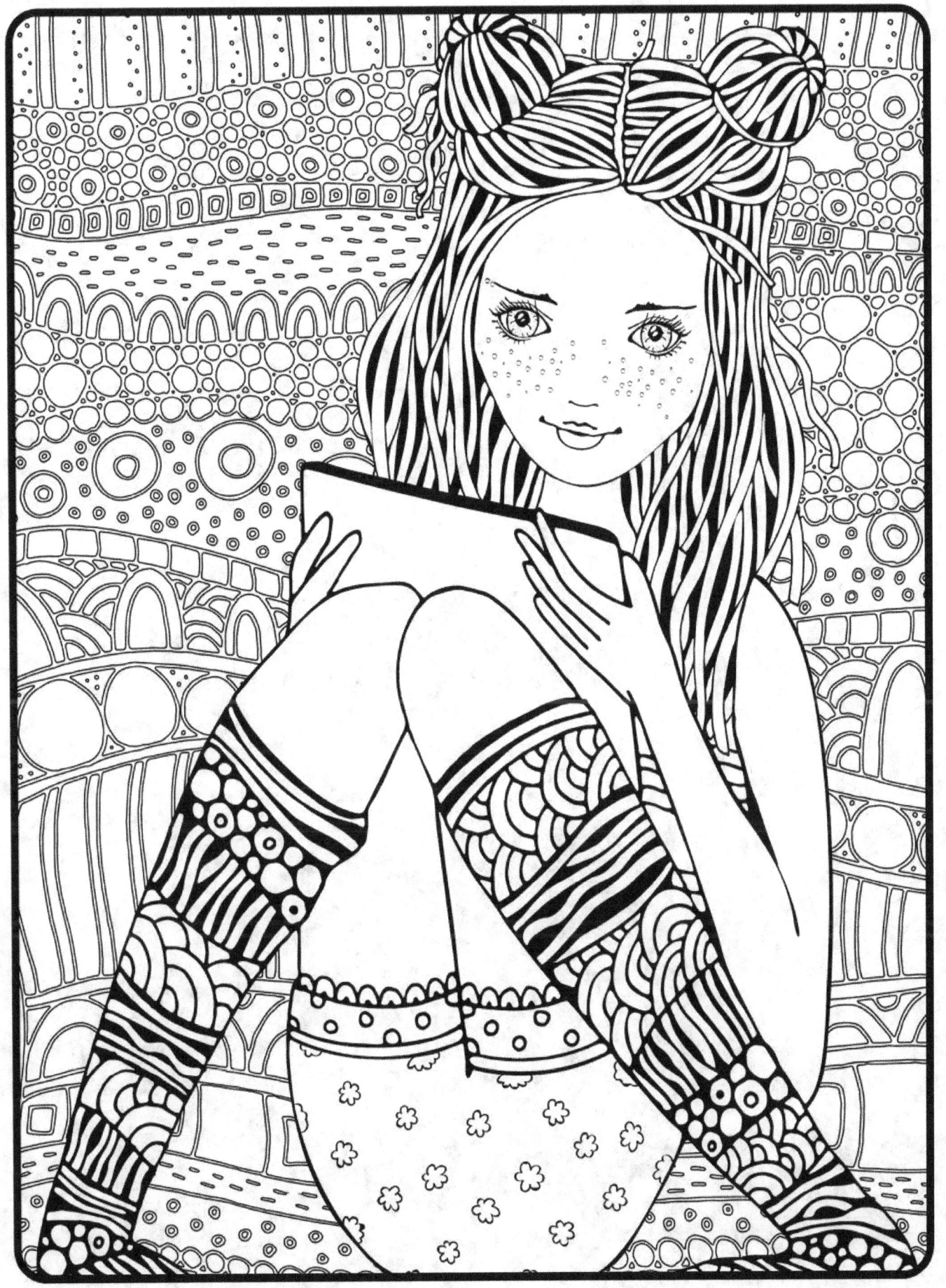

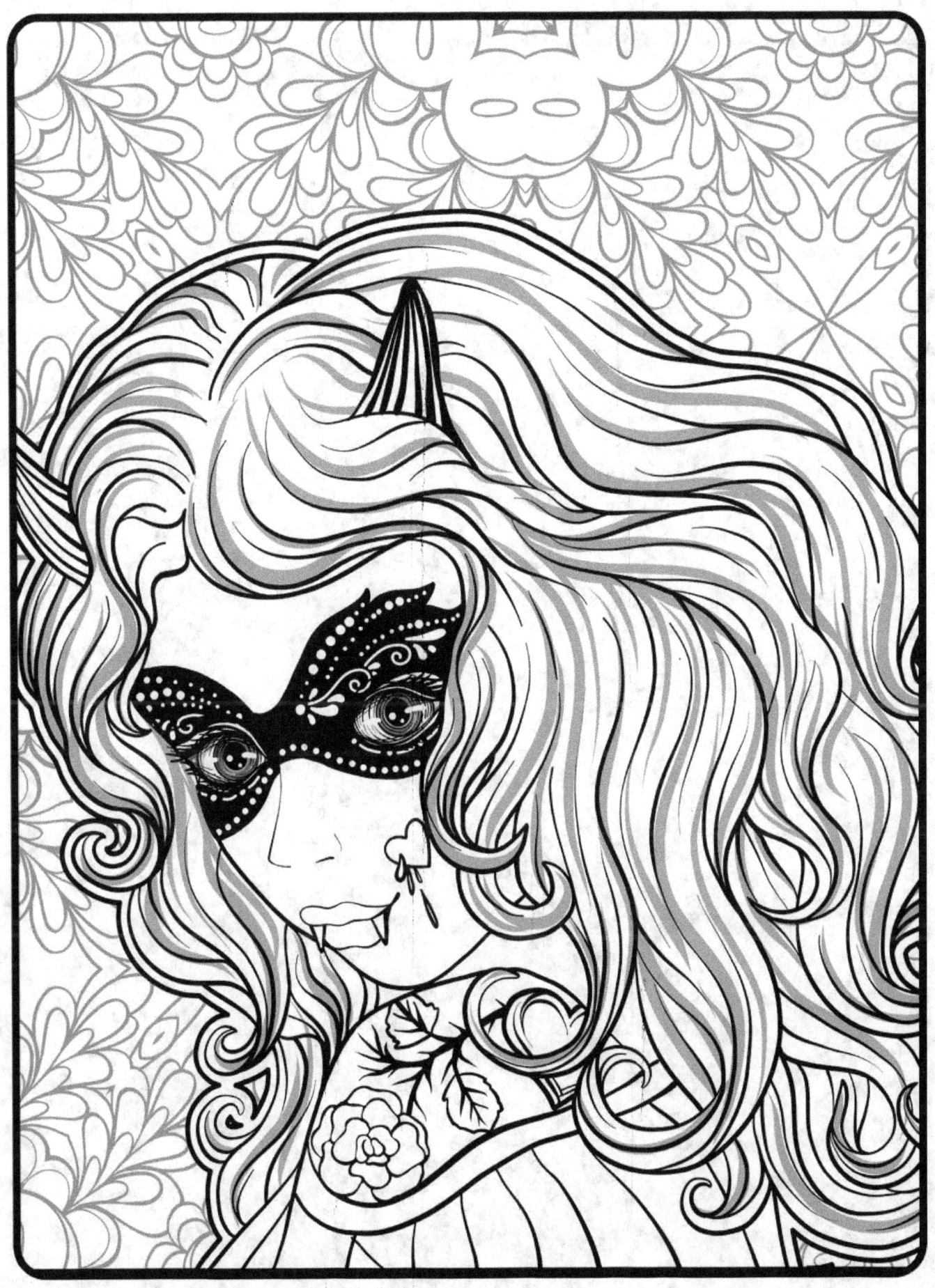

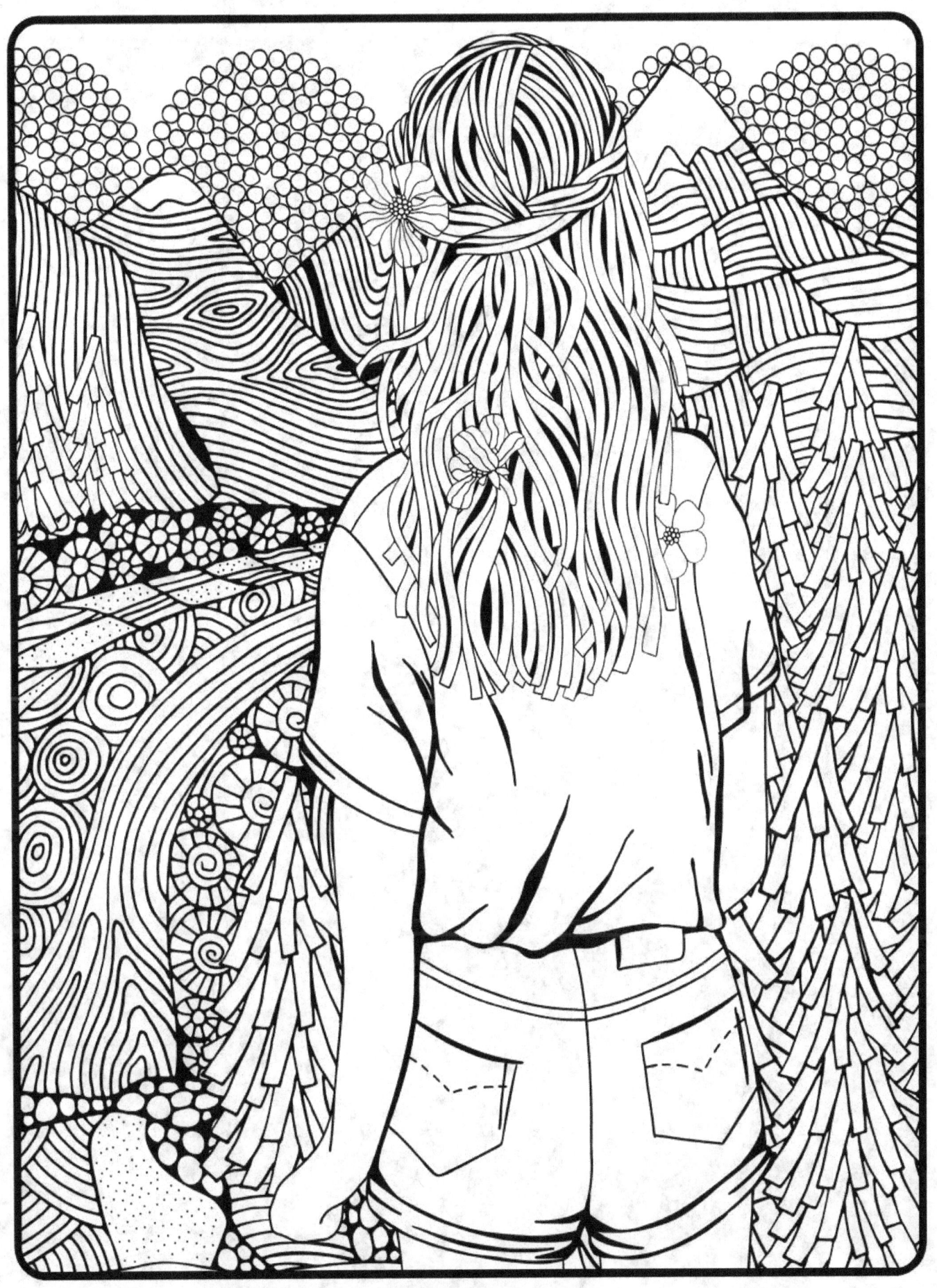

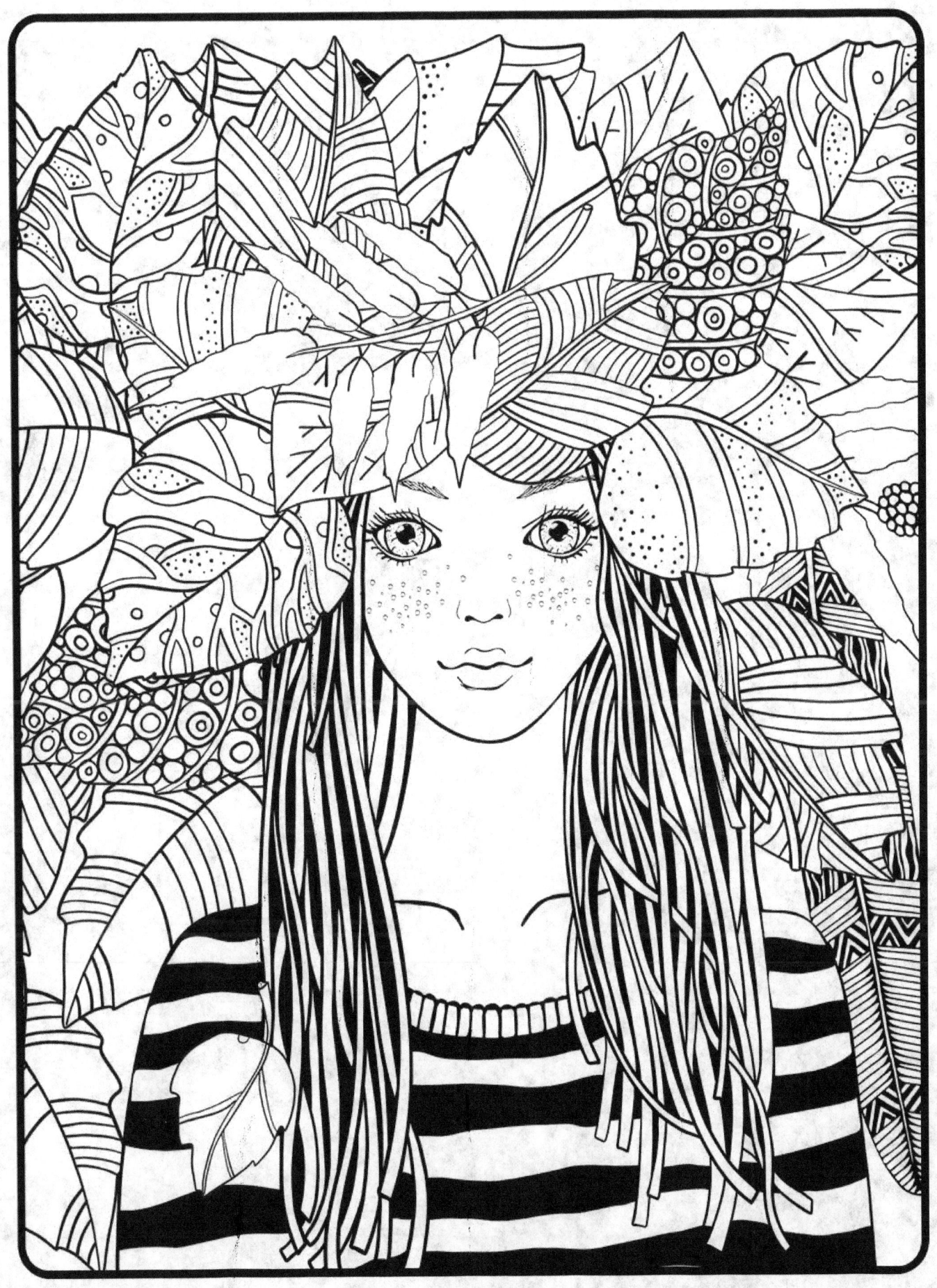

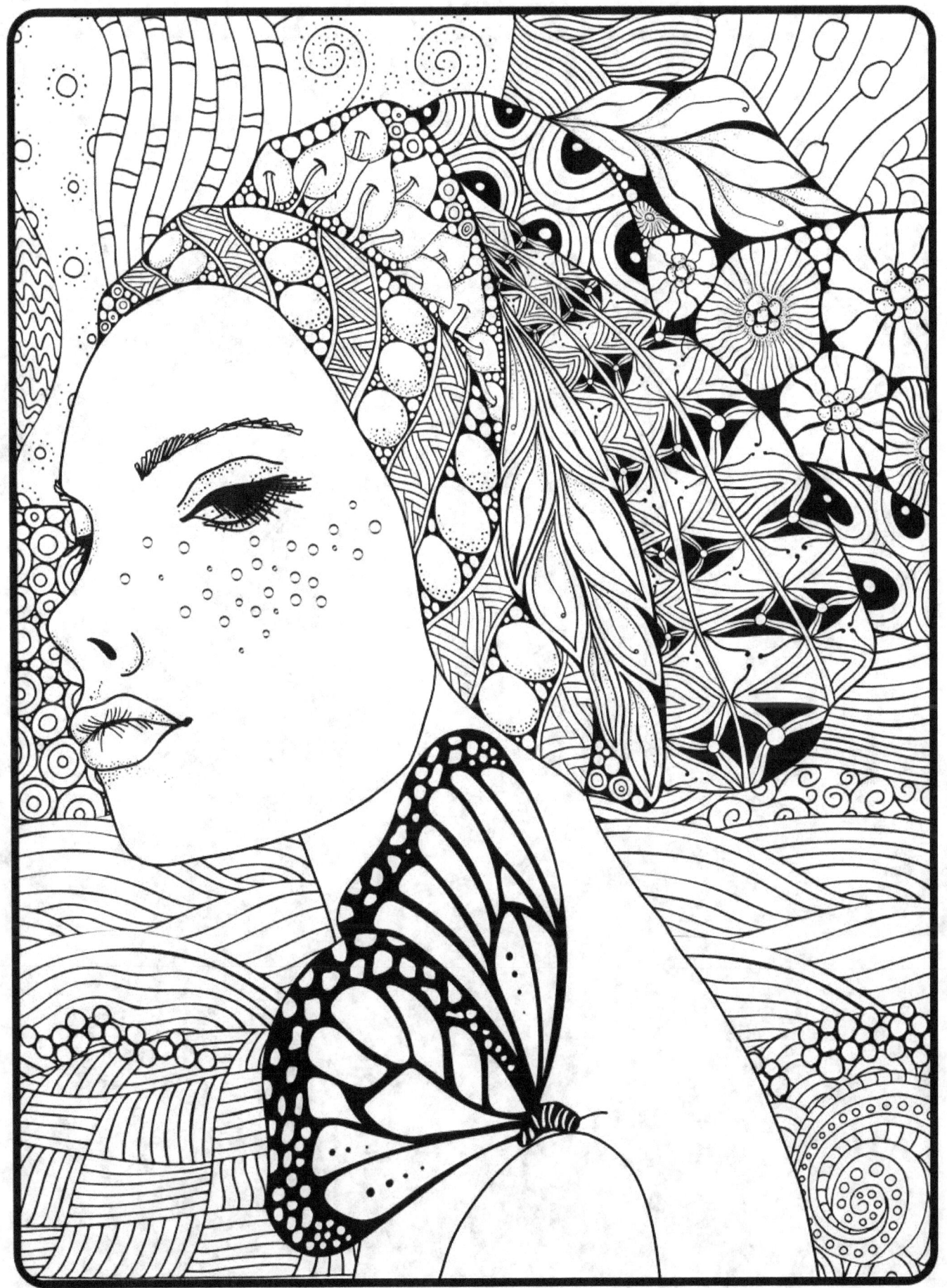

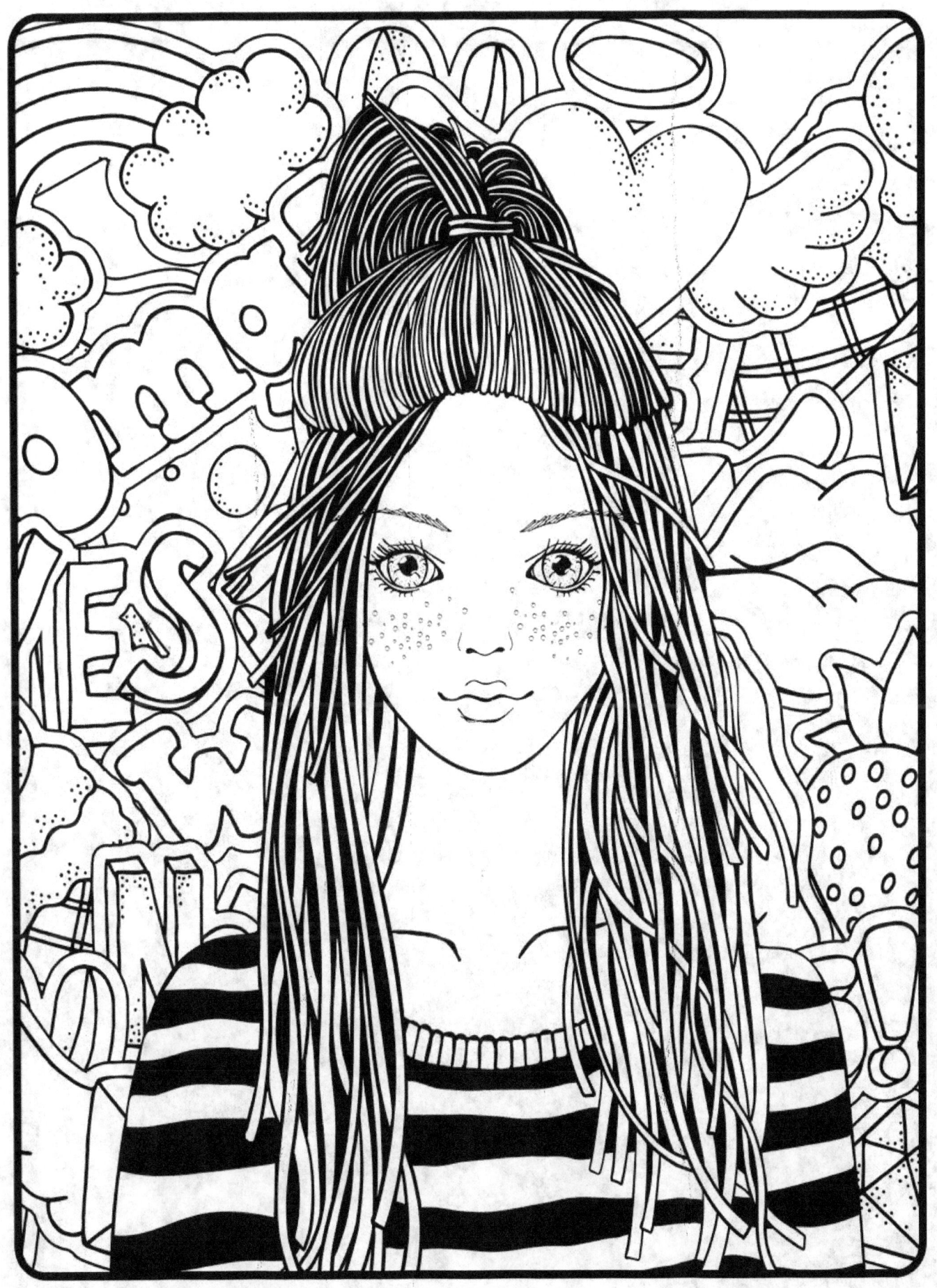

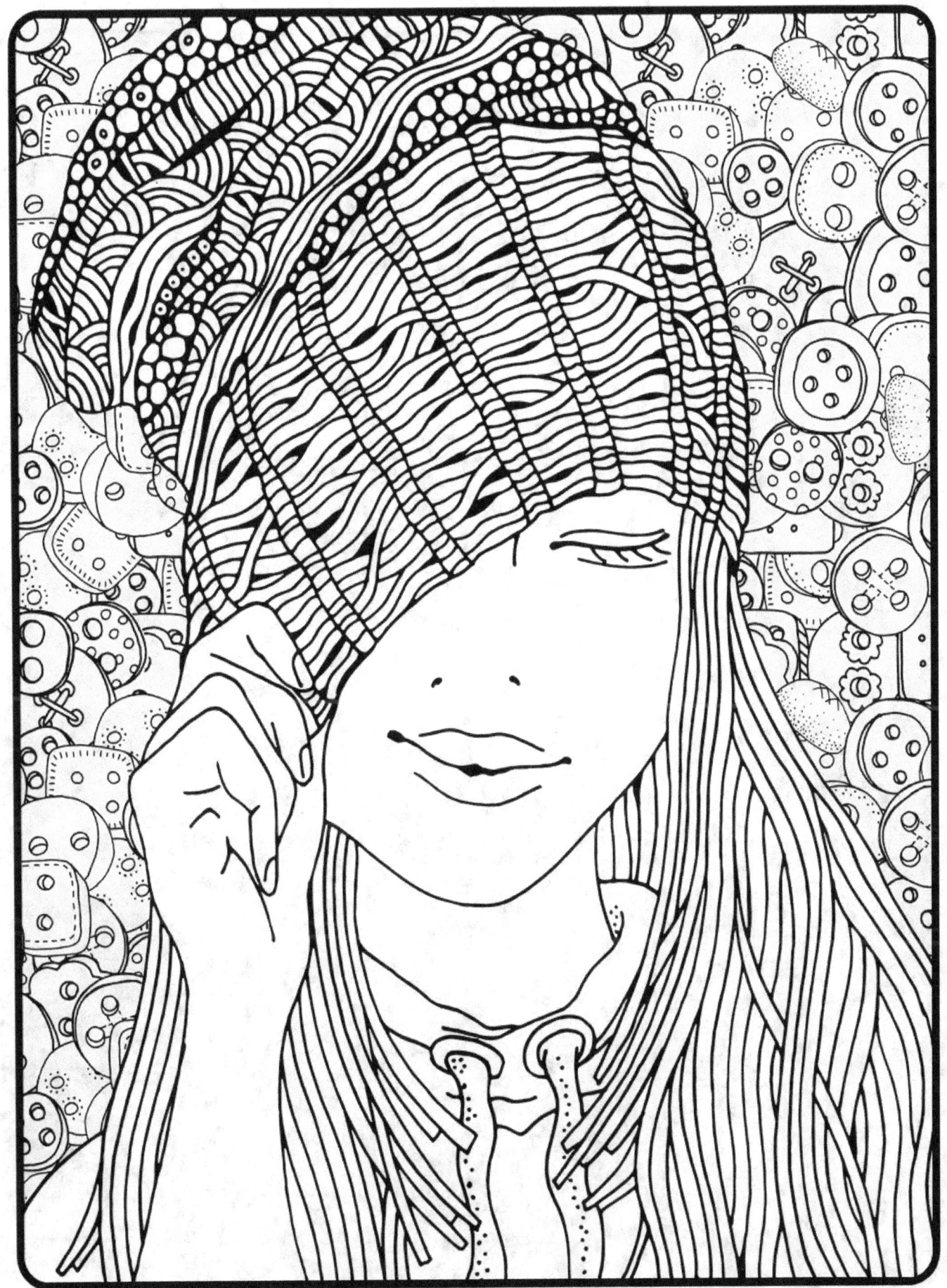

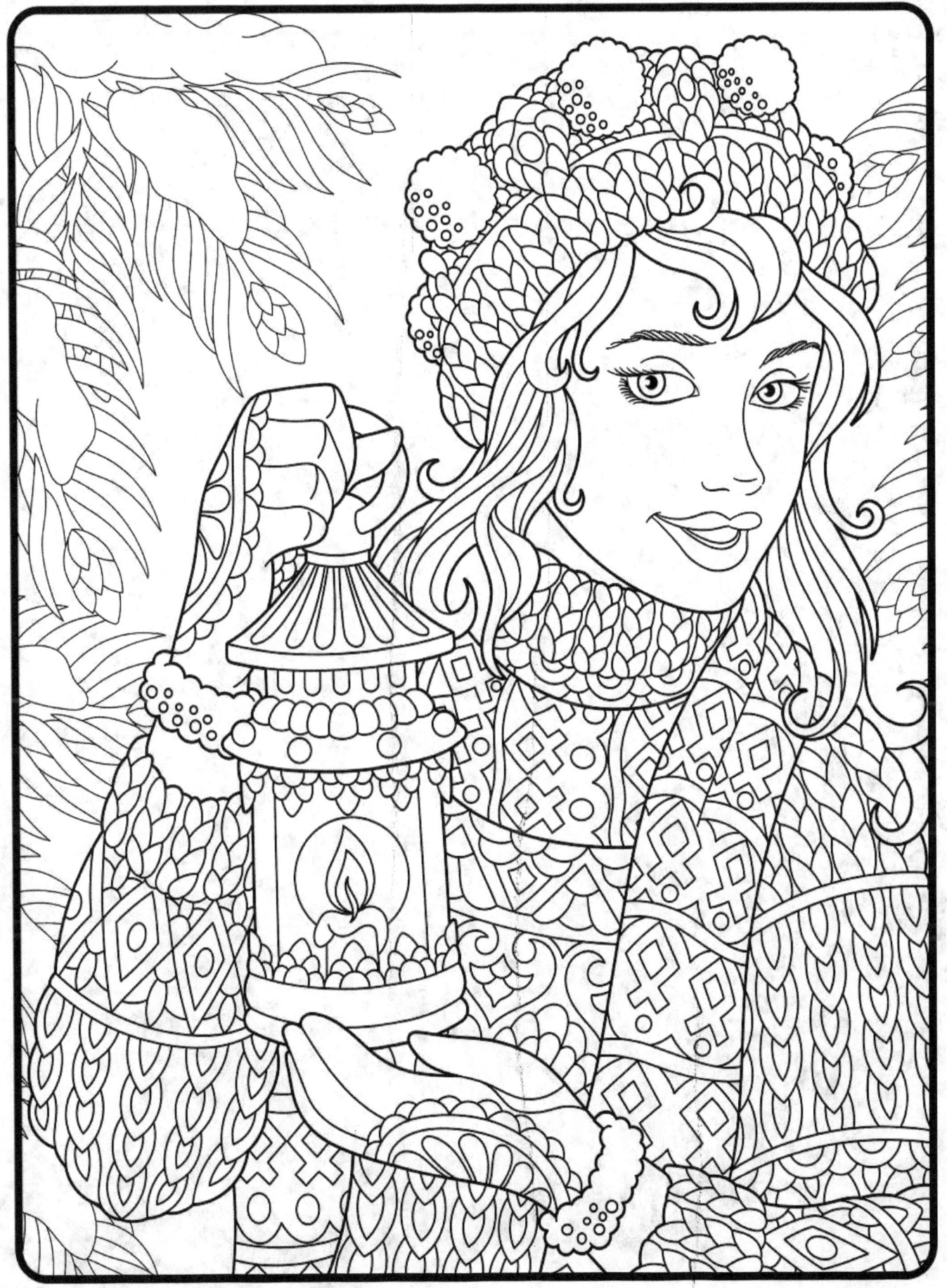

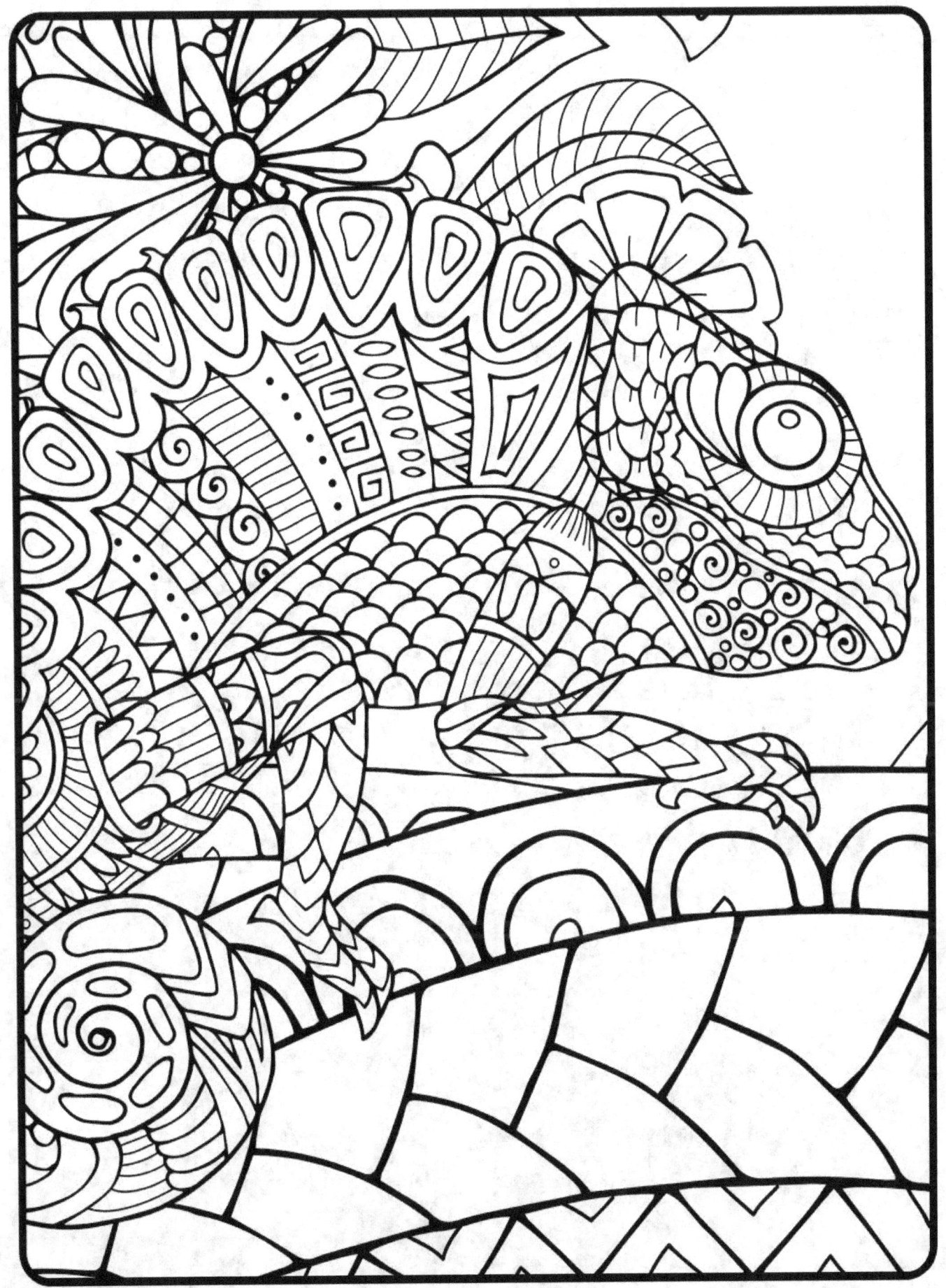

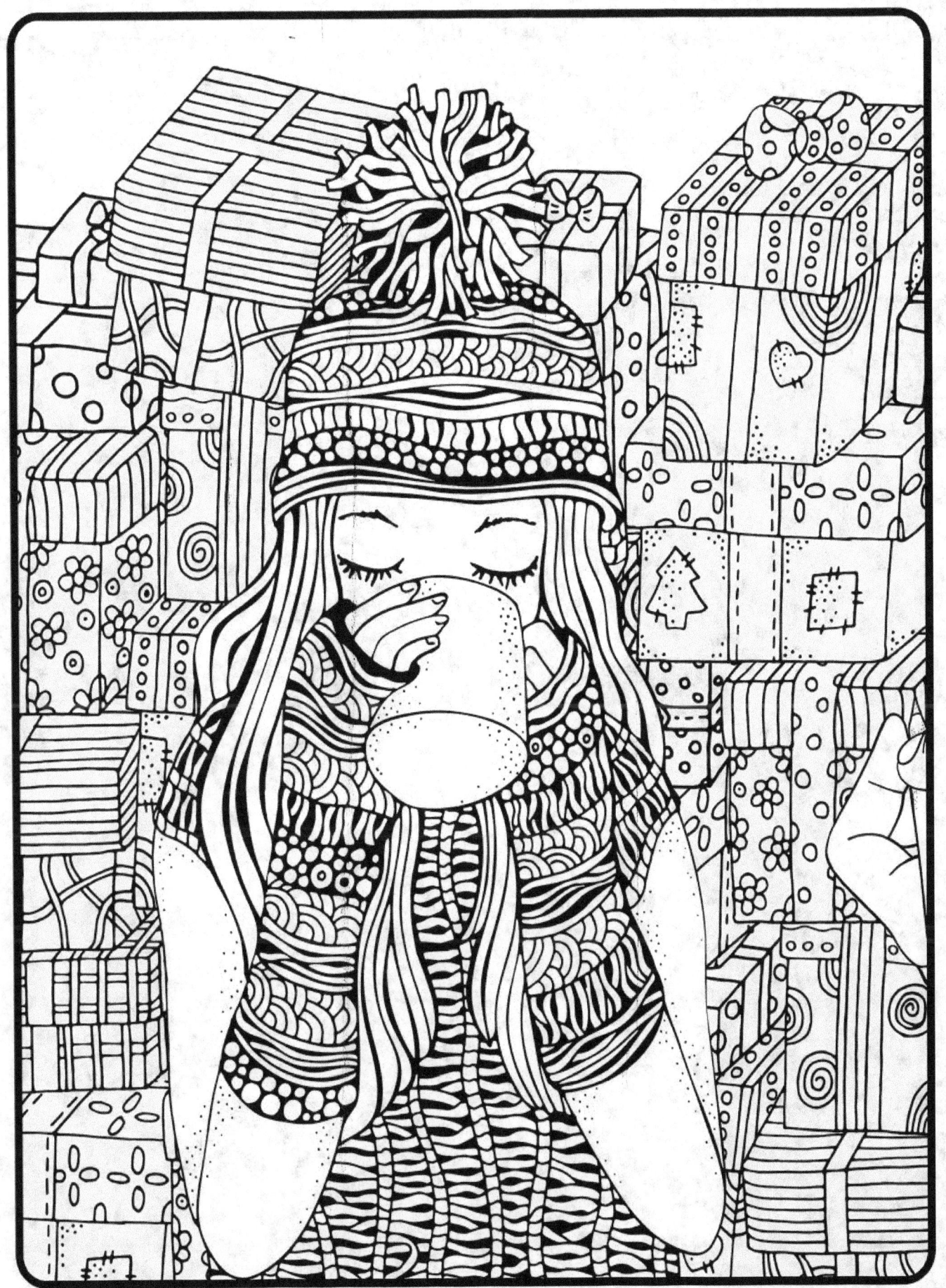

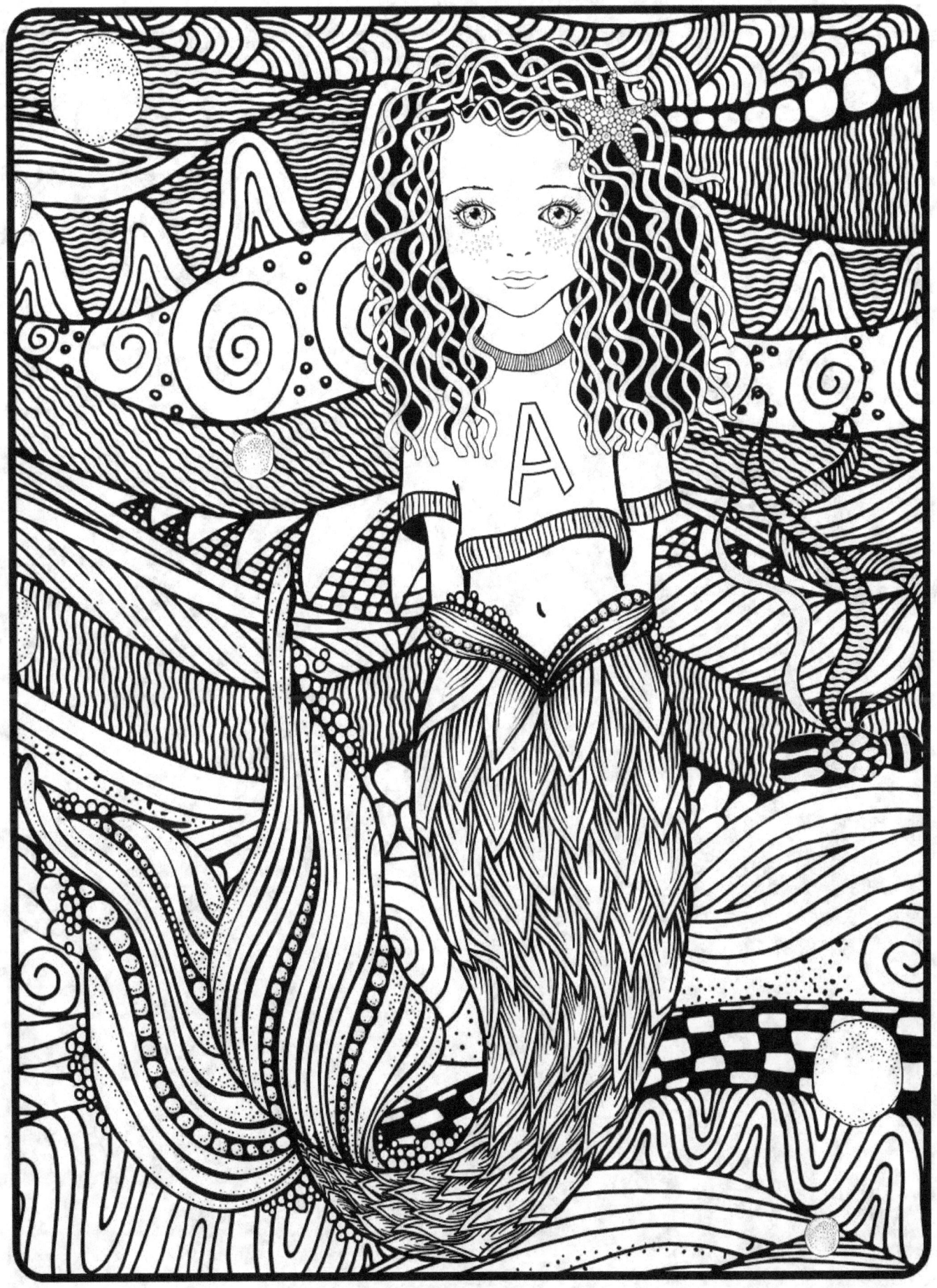

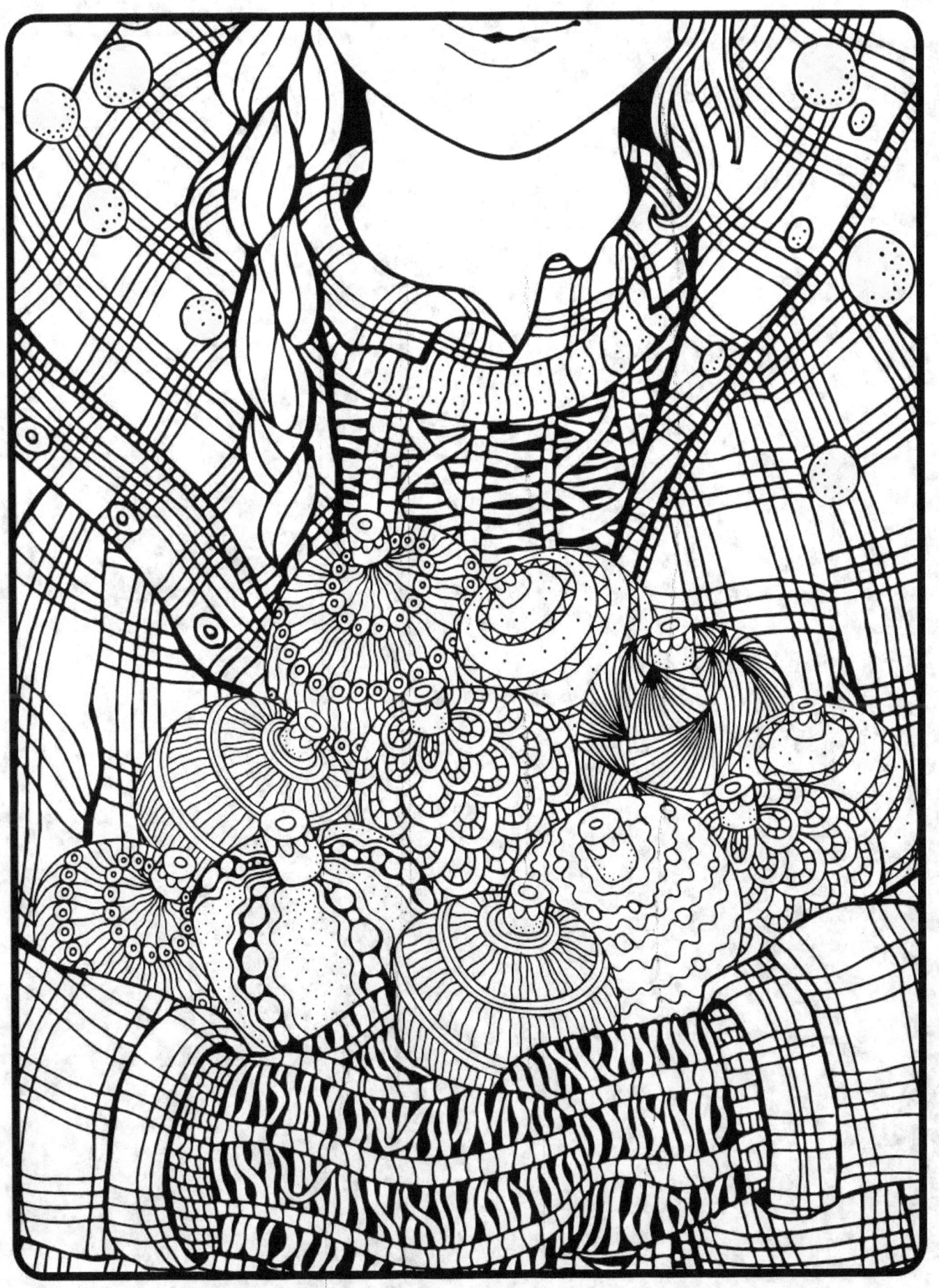

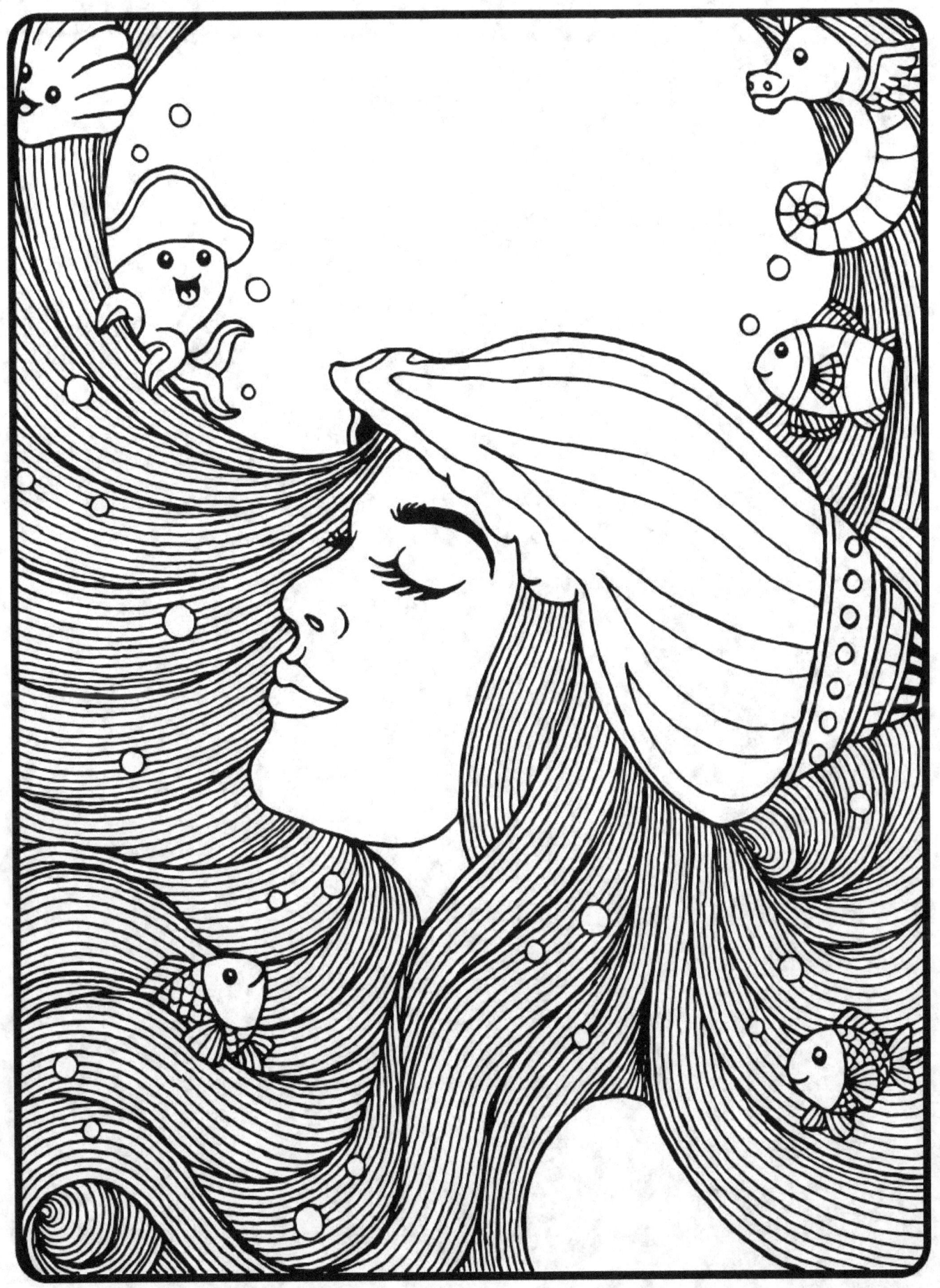

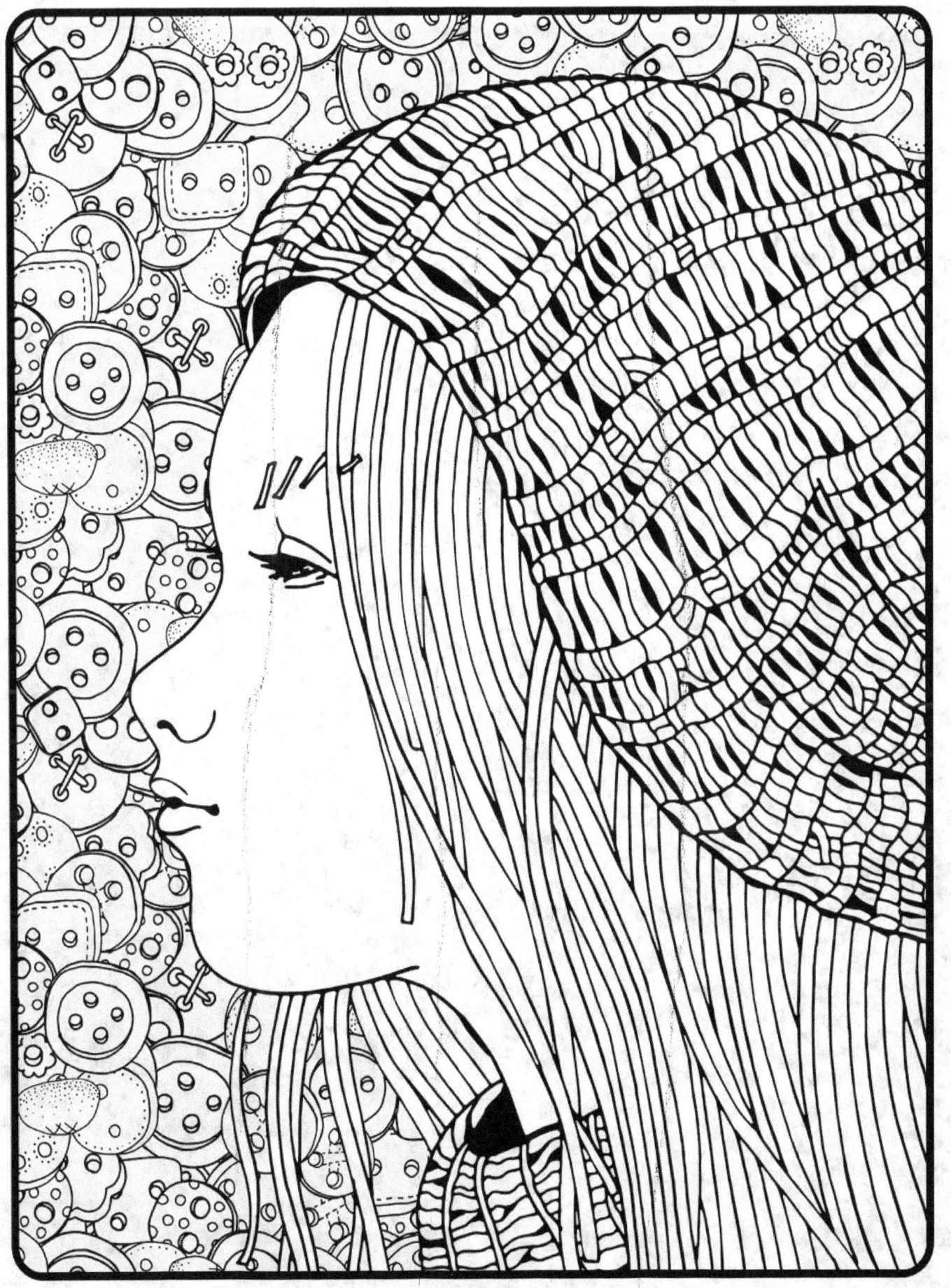

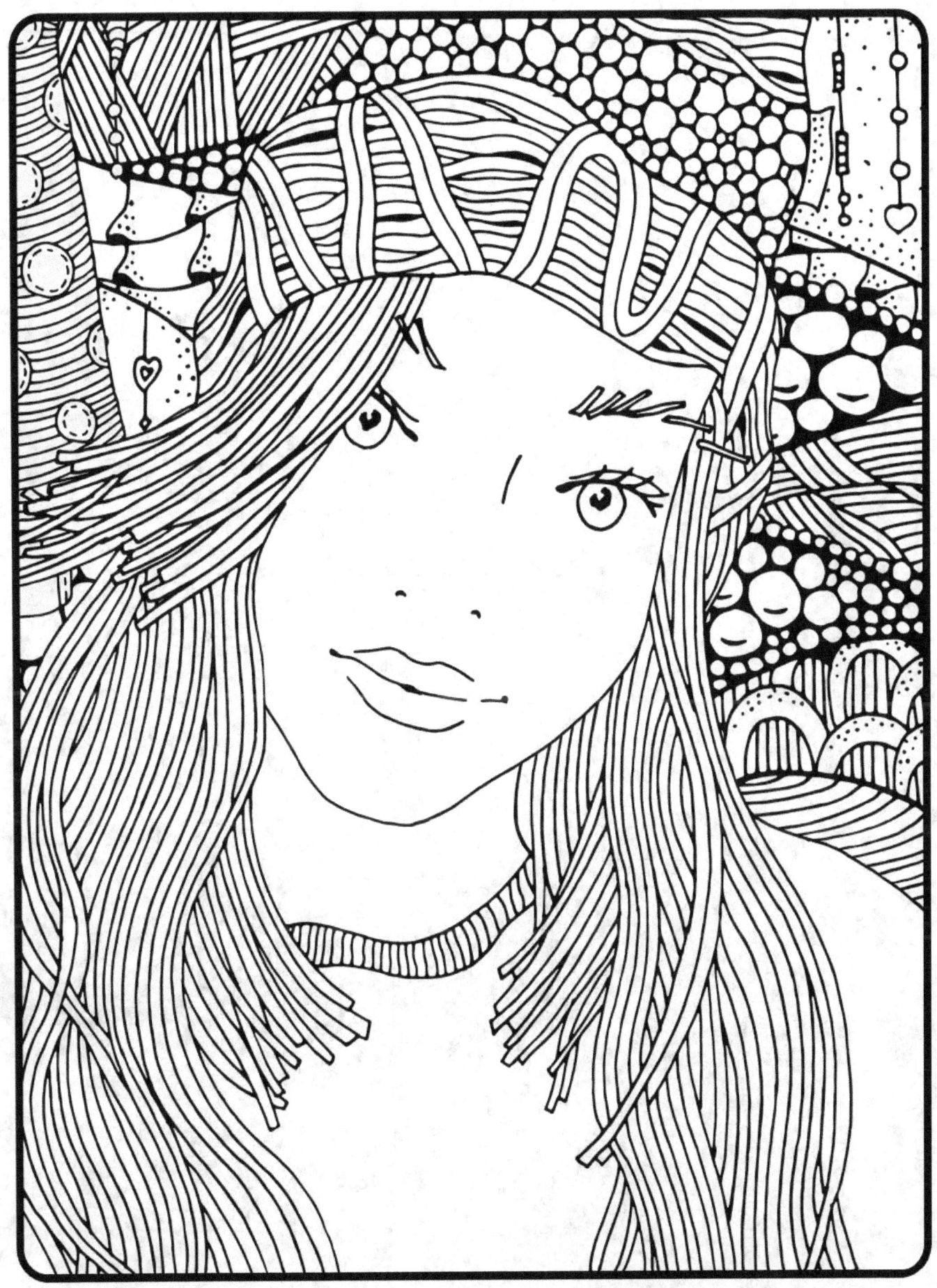

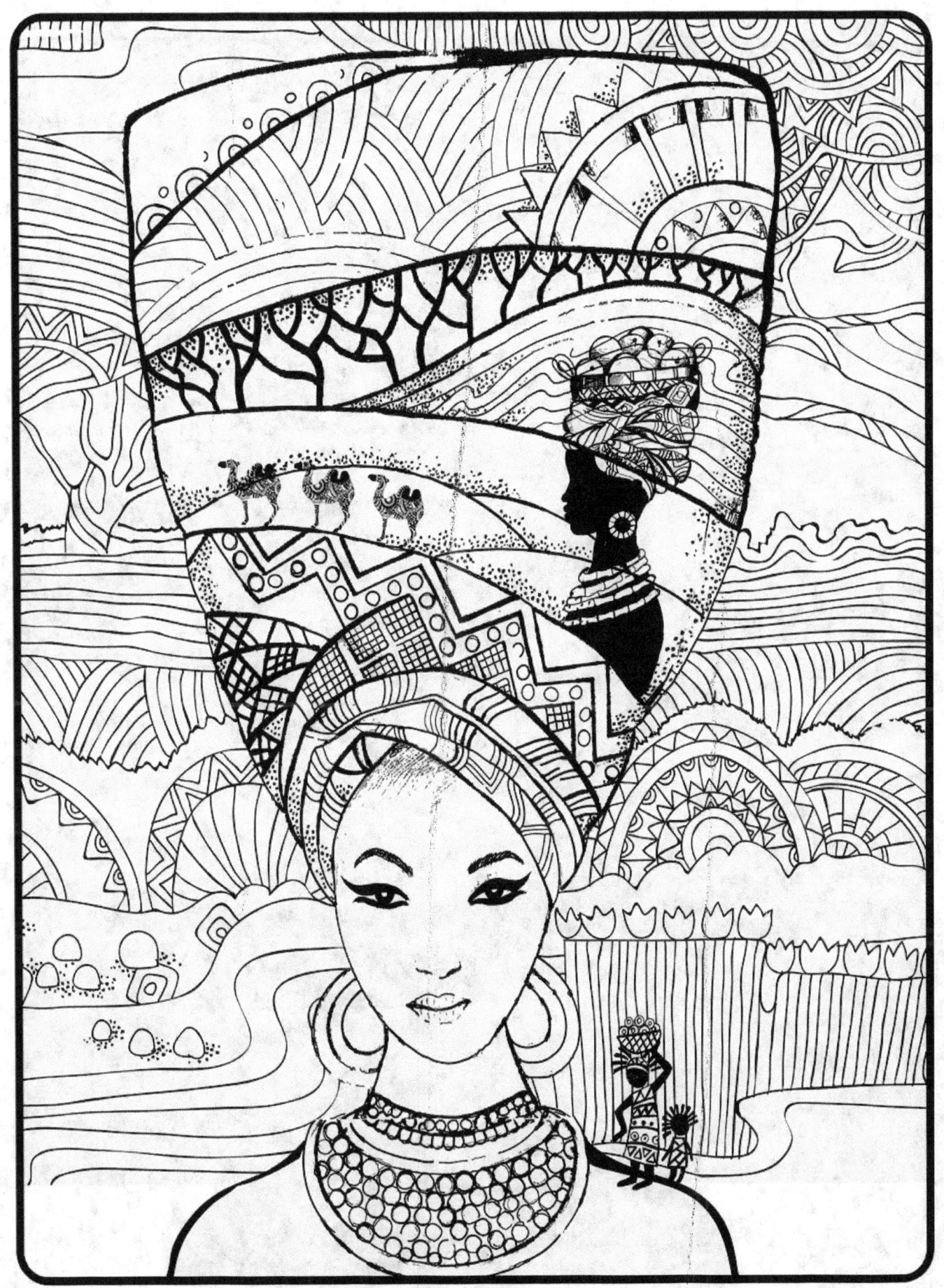

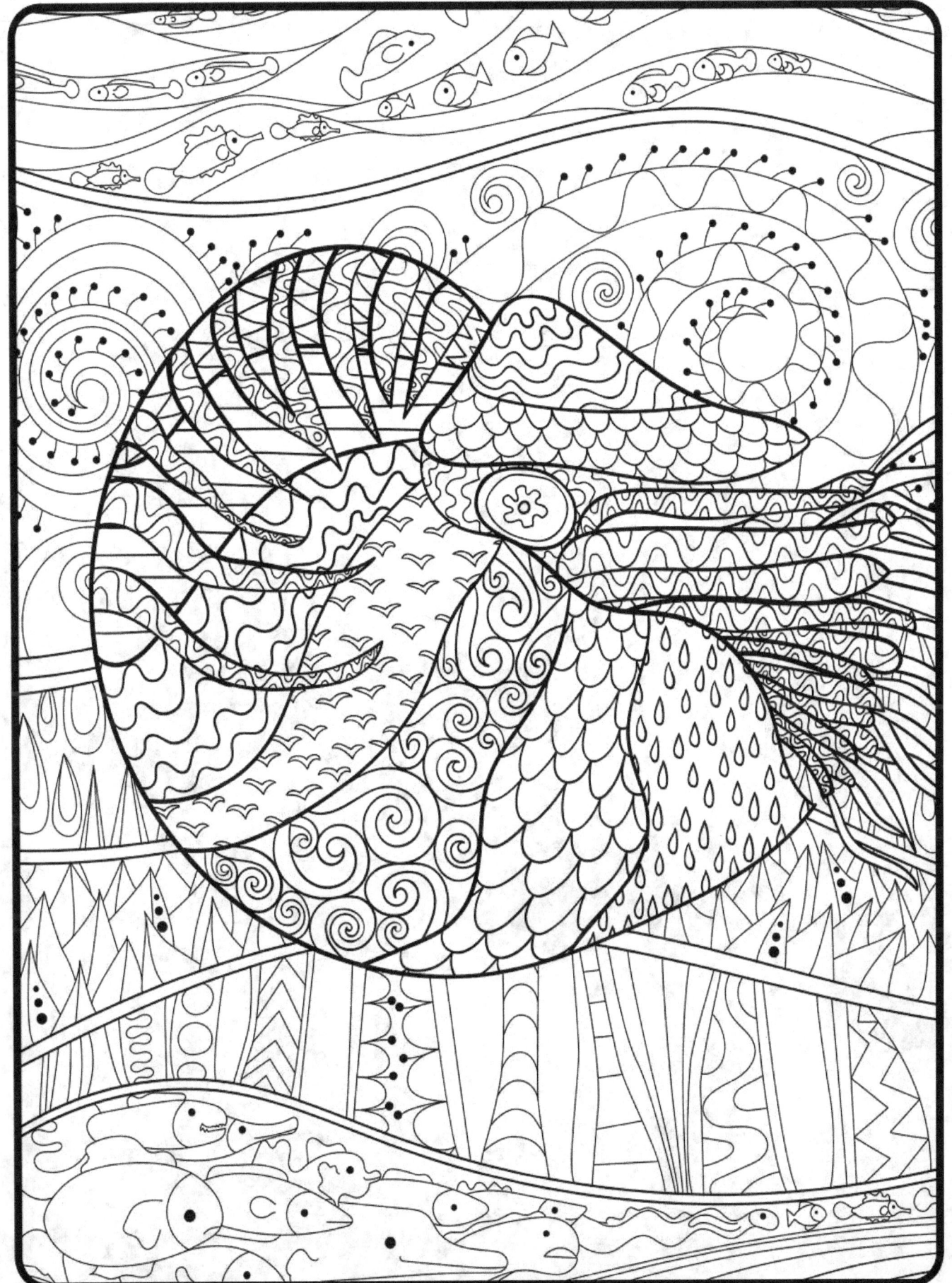

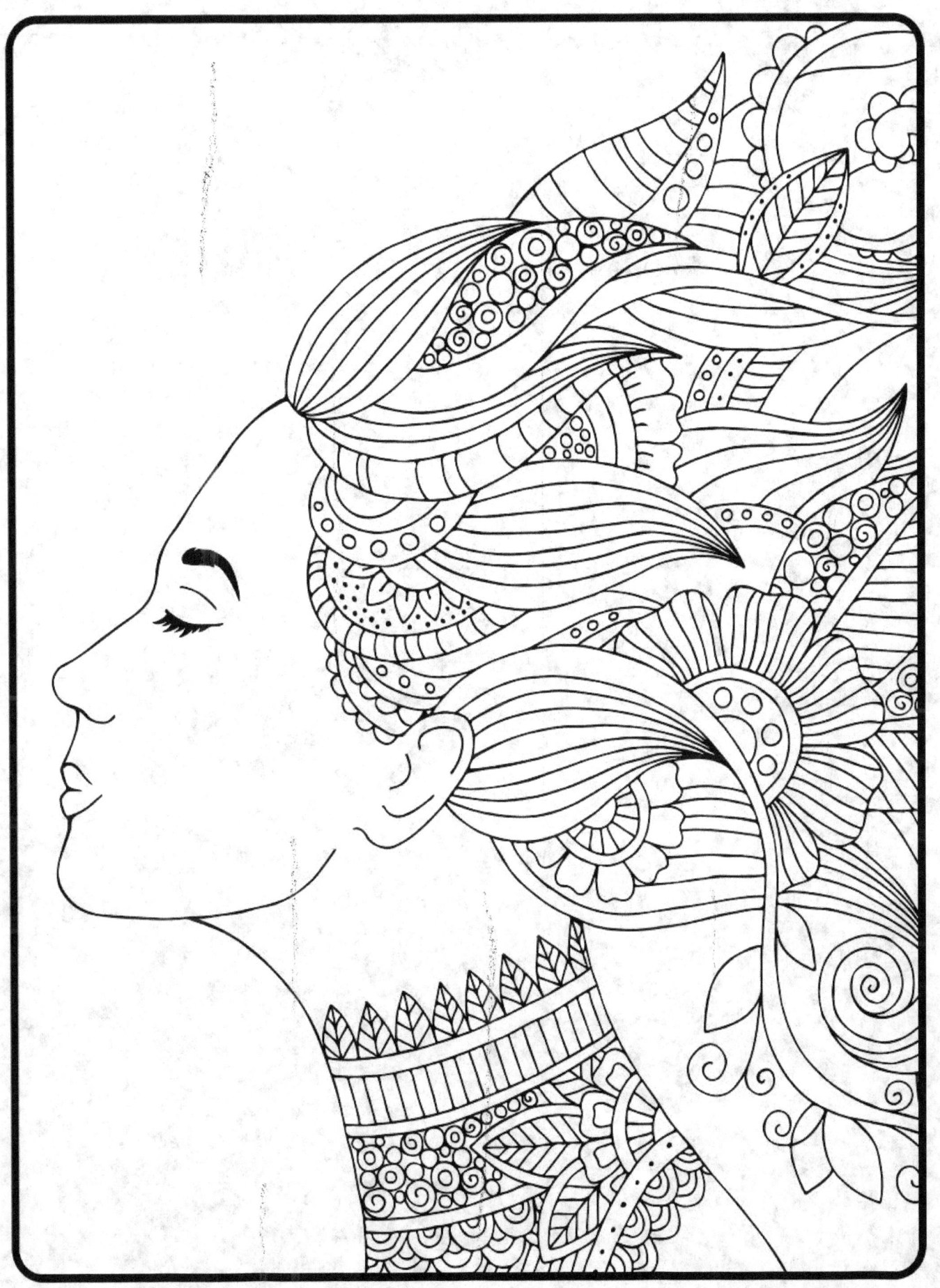

Mehr Malbücher von Katrin Stark

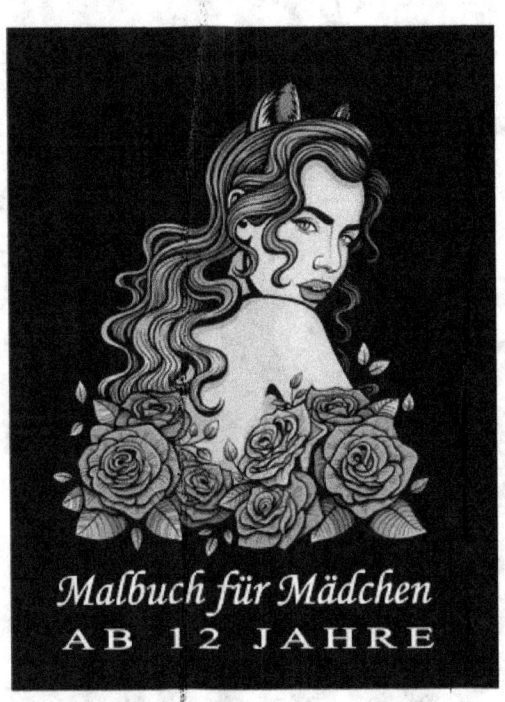
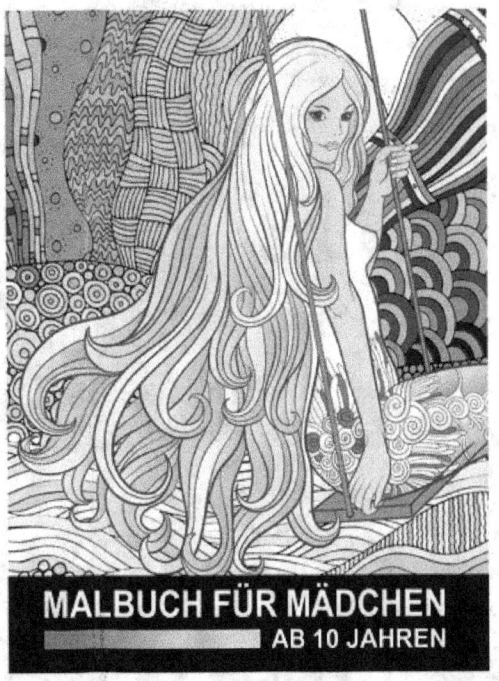
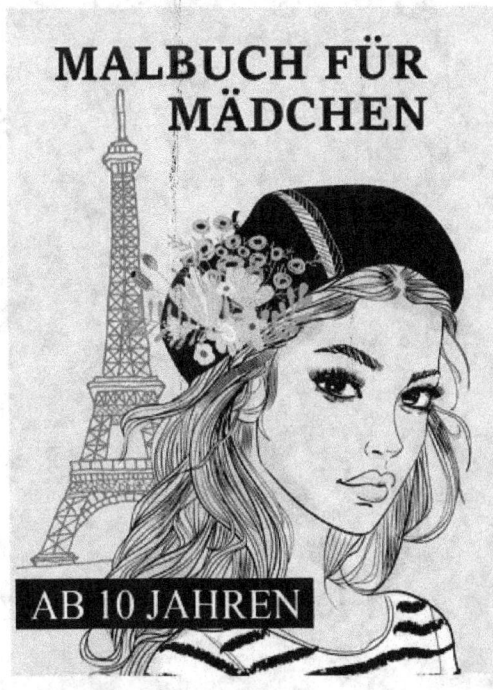
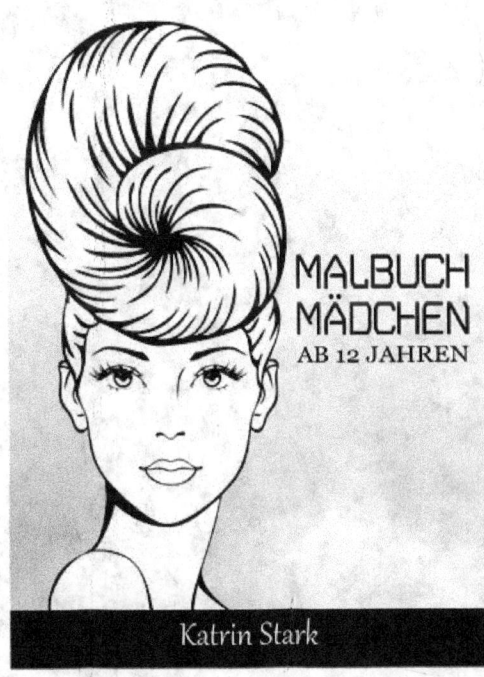

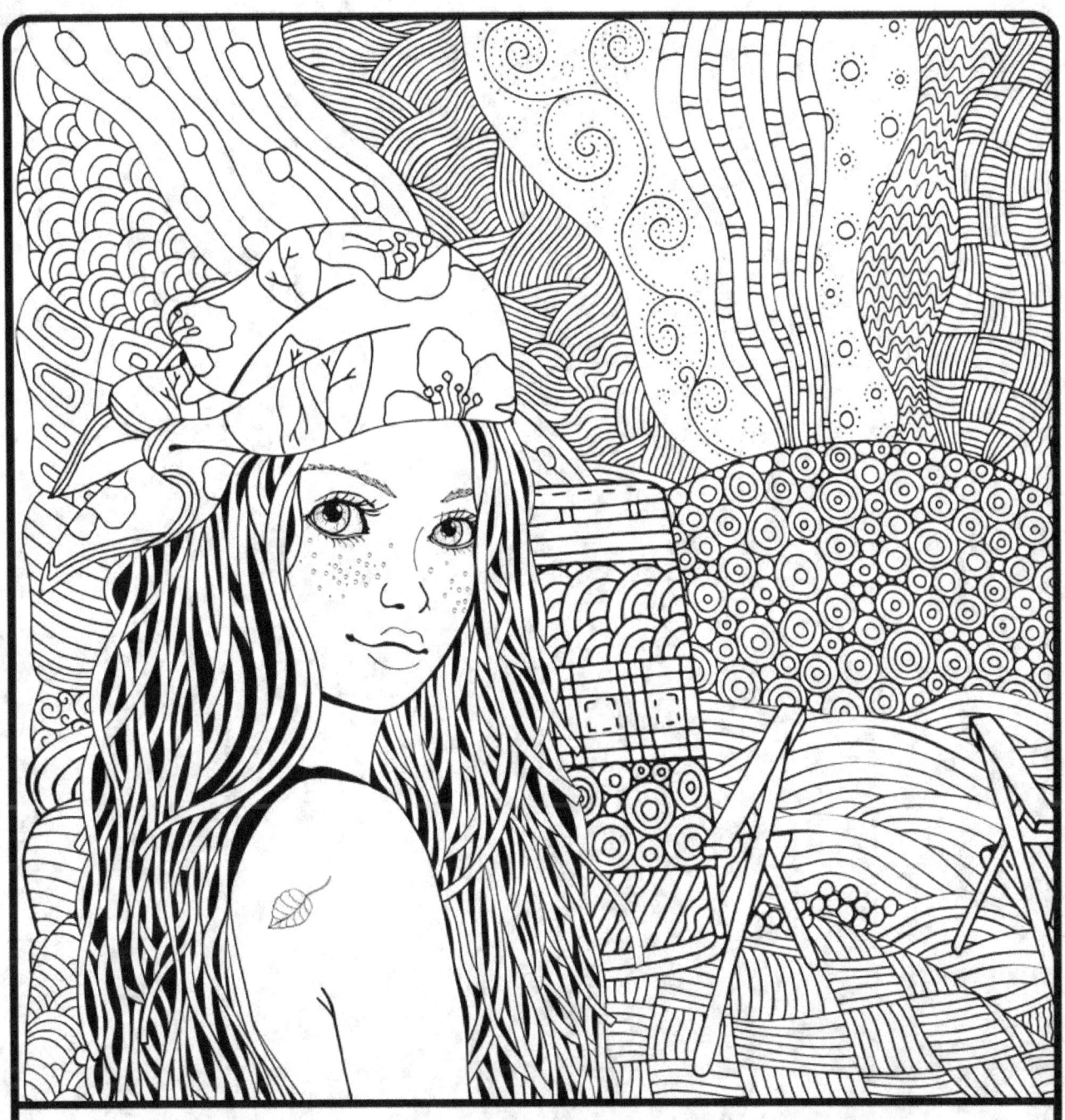

Vielen Dank für den Kauf dieses Buches

Wenn Ihnen das Buch gefallen hat,
hinterlassen Sie bitte eine Meinung
Es wird dem Autor helfen,
in Zukunft bessere Bücher zu erstellen

www.amazon.de/Katrin-Stark